manzanas & tiza

Historias
de inspiración y
estímulo
para
MAESTROS

Vicky Caruana

Manzanas y tiza

Historias de inspiración y estímulo para MAESTROS
© 2008 Vicky Caruana

Publicado por Editorial Patmos
P. O. Box 668767
Miami, FL USA 33166

Publicado originalmente en inglés con el título An Apple for my Teacher, por River Oaks®, una marca registrada de Cook Comunications Ministries, Colorado Springs, Colorado • Paris, Ontario, Kingsway Comunications Ltd, Eastbourne, England.

A menos que se indique lo contrario las citas bíblicas han sido tomadas de la Santa Biblia, Nueva Versión Internacional © 1999 por la Sociedad Bíblica Internacional

Traducido por Kerstin Anderas-Lundquist y María Quispe Salas

ISBN 10: 1-58802-437-7
ISBN 13: 978-1-58802-437-4

Categoría: Educación / Pedagogía
Impreso en Brasil

Dedicatoria

Dedico este libro a mi esposo, Chip, y a mis hijos, Christopher y Charles, por ofrecerme el regalo de su tiempo.

Quisiera agradecer a Anthony C. Horning y a Ailene Doherty, cuyas experiencias y conocimientos en la enseñanza fueron agregados a los míos, ofreciendo así a maestros por doquier la oportunidad de analizar la razón de lo que hacemos en ese lugar llamado escuela.

Introducción

Los maestros en todo el mundo comparten el vínculo de una singular profesión. Tenemos el gran privilegio y la formidable responsabilidad de estar frente a nuestros alumnos no solo como educadores, sino como guardianes, consejeros, y protectores.

Recuerda ese primer día de clases; la experiencia de pararte frente a tus primeros alumnos y pensar: ¿Estoy listo para esto?

Yo recuerdo ese día y el despertar repentino a: ¡Yo soy maestra! Y luego la pregunta que me vino: ¿Qué hago ahora?

A veces, todavía me siento abrumada.

Otras veces, pasmada.

Todo el tiempo, ¡ocupada!

Muchas veces me siento sola en mi afán de dar lo mejor a mis alumnos. No obstante, muy dentro de mí, sé que no estoy sola. Tú tampoco.

Nosotros, los maestros, compartimos un lazo especial. Este enlace, nuestro amor compartido de tocar la vida de nuestros alumnos, nos permite comprendernos unos a otros. Y mediante este entendimiento, podemos ofrecernos mutua amistad, especialización, y fuerza.

Quiero animar a todos los maestros que se encuentran en primera línea. Ustedes están donde pertenecen. Yo los aliento a perseverar, para dar lo mejor a los estudiantes que los miran con ojos bien abiertos y sonrisas inseguras desde el primer día de clases cada año escolar.

Recuerden que la enseñanza no es para nosotros. Nuestra enseñanza es para ellos. Estas historias, sin embargo, son para ti. ¡Disfrútalas!

Vicky Caruana

"Un maestro afecta la eternidad; nunca sabrá
hasta dónde llega su influencia."
—Henry Adams

Javier

Margarita asió un poco más fuerte la mano a su hijo de cuatro años, al tiempo que avanzaba con él por la vereda, apurándolo. Una camioneta negra se había detenido junto a ellos.

—Mami, ¿quién es?

—Sigamos caminando —dijo Margarita.

Sin reconocer la camioneta, siguió avanzando.

En ese momento su hijo se tropezó con una rama tirada en el camino, que obligó a Margarita a esperar. Al momento de detenerse, se bajaron las lunas oscuras de la ventana lateral de la camioneta y un joven con gafas se inclinó para mirar más de cerca a la pareja que iba por la vereda.

—Señora López, ¿es usted?

Margarita alzó la mirada, respondiendo con precaución a la conocida voz. Alzó a su hijo y dio un vigilante paso hacia atrás.

El chofer paró la camioneta, la estacionó, y corrió emocionado hacia ella. Se quitó las gafas de modo que Margarita lo pudiera ver mejor, y dijo con tono decepcionado:

—Usted no me recuerda, ¿cierto?

La aprehensión se tornó en deleite al reconocer finalmente a su antiguo alumno.

—Por supuesto que te recuerdo, Javier. No es fácil olvidarte.

—Yo nunca la olvidé señora López. Usted es la única que me dio una oportunidad.

Mirándolo, aun podía ver a un niño de doce años que trataba de abrirse paso contra el sistema. Cuando se alejó la camioneta negra, Margarita sonrió al leer la tarjeta personal: "Javier González, Arquitecto".

Aun si los resultados de tu labor no sean aparentes de inmediato, deléitate en el hecho de que tu influencia llega más allá de lo que te imaginas.

Quizá no veas tus triunfos en la clase. Algunas veces aparecen cuando uno menos los espera y más los necesita.

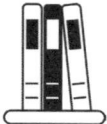

"La experiencia no es aquello que le sucede al hombre.
Es lo que el hombre hace con aquello que le sucede."

—Aldous Huxley

La nave espacial

Cientos de miradas furtivas se concentraban en el cielo despejado de la Florida. Los profesores se reunieron y esperaron junto con sus alumnos a que empezara el show. Siempre es maravilloso llevar la clase fuera del aula. Le añade un ingrediente de vida real a la lección.

Finalmente, muchas manos empezaron a señalar en dirección del cielo del este. Aplausos y vivas iban en aumento. Era un día de orgullo para profesores y alumnos.

—¡Anda, Christa, anda! —gritaban animadamente.

La nave espacial, desapareciendo en la atmósfera, de pronto explotó, y sus nubes expansivas de humo en escombros se dirigían hacia los que esperaban en tierra. Los aplausos se tornaron en jadeos aterradores y gritos de incredulidad. Los profesores apuraron a sus alumnos de vuelta a sus aulas, como la gallina que reúne a sus polluelos. Fueron muchas las preguntas. No se encontraron respuestas. Aunque expertos en crisis visitaron cada escuela, los niños continuaron buscando en sus maestros estabilidad y consuelo. Los maestros se convirtieron en madres, hermanas, amigos, y consejeros.

Haciendo lo que mejor hacen, ellos enseñaron.

Restablecieron la rutina, y oraron.

Sea guerra, escándalo o tragedia, no se puedes cerrar al mundo las puertas del aula. De vez en cuando, el aula del mundo se estrella en la tuya. Bien manejada, aun la tragedia puede enseñar las más valiosas lecciones.

Enseñar sobre una situación, nos permite aprender de la misma.

"Cambia tus pensamientos y
cambiarás tu mundo."

—Norman Vincent Peale

La primera clase

Sandra había pasado todo el fin de semana arreglando de una y otra manera su salón de clase.

Ella lo decoró con carteles de citas notables y refranes. Colocó los pupitres de tal forma que sus estudiantes recibieran el mayor impacto de su enseñanza.

Finalmente, se sentó en su banco en frente del salón para dar una mirada al entorno.

Era perfecta.

Tenía que serlo.

Era su primera clase.

Cautivada en sus propios pensamientos, se imaginó lo que acontecería el día por venir. El registro de estudiantes impreso en su libro de plan de lecciones cobraría vida cuando entraran al salón sus veinticinco alumnos de sexto grado. Los estudiantes, sus alumnos, la mirarían cautelosamente al momento que ella pasara al frente. Ella estaba segura de que su nombre cuidadosamente escrito en la pizarra los desafiaría. Eso estaba bien. Ella esperaba que su complicado deletreo rompiera el hielo.

Ese sería un momento que recordaría toda su vida; el momento que ella había esperado y soñado desde muy pequeña.

Sandra se concentró en los pupitres, que aun estaban vacíos. Con el corazón lleno de esperanza, pidió a Dios que ese año fuera lleno de muchos significativos y memorables momentos para ambos, ella misma y sus alumnos.

¿Cuáles son tus esperanzas y tus oraciones?

En días cuando te preguntes por qué escogiste ser profesor; cierra tus ojos y recuerda el momento que te inspiró hace mucho tiempo.

"La suprema medida de un hombre no es su firmeza en momentos de holgura y conveniencia, sino su firmeza en momentos de desafío y controversia."

—Martin Luther King Jr.

Los manifestantes

Vicki estaba bien preparada para su nueva asignación de enseñanza. Sin embargo, nunca fácil empezar a mitad de año. Escurriéndose entre un grupo de adolescentes, Vicky se acercó a su salón. ¡Fue abruptamente detenida por unos manifestantes!

"¡No a nueva profesora!" leían los carteles.

Veinticinco dotados estudiantes del sexto grado se deambulaban en frente de su clase, infelices porque les habían sido asignados una nueva profesora. Sin vacilar, Vicki se deslizó entre los manifestantes, presionó el botón de llamada a la oficina, y reportó el disturbio. Juntando los materiales de su escritorio, empezó a escribir las tareas en la pizarra.

Entonces la directora se adelantó para avisar a Vicki que sus alumnos estaban en camino.

No hubo tiempo más que para un profundo respiro acompañado con una breve oración.

Cuando el grupo ya dominado entró con desgano al salón, Vicki los saludó con un alentador: "¡Buenos días!"

Sus miradas desafiantes solo se cruzaron ligeramente con las de ella.

—Tenemos mucho trabajo que hacer, ¡así que empecemos!

Al momento de entregarles algunos papeles de neón de color, ella dijo:

—Me gustaría trabajar con ustedes en la resolución de problemas. Primero necesitamos un problema. ¿Tienen algunas ideas?

Manos renuentes se levantaron, y así empezó el proceso de establecer la nueva clase.

Algunas veces la única defensa para el escepticismo y la duda será tu porte y dominio propio. Pero no hay mejor forma de restaurar la confianza.

> Trata de convertir cada situación, positiva o negativa, en una experiencia de aprendizaje.

"Nuestra tarea… no es enmendar la culpa del pasado,
sino definir el rumbo del futuro."

—John F. Kennedy

Aprovecha el día

Los maestros saben que la influencia de un ambiente negativo en el hogar puede algunas veces agobiar sus propias habilidades de influir a los estudiantes en el salón de clase.

Puedes pasar interminables horas y días tratando de disponer un buen programa de incentivos o una estrategia de aprendizaje. Puedes aun buscar cada oportunidad para ofrecer un incentivo o una recompensa. Pero hay límite a tu buena influencia durante las escasas horas que tienes con tus alumnos.

Luego ellos se van a casa y pasan de quince a dieciocho horas de cada día allí, algunos sin alimentación nutritiva, sin amor, sin atención, y sin nadie que los aliente.

Estos son los niños a quienes enseñamos.

¿Te parece una declaración de vencido? No necesariamente.

Considera la influencia que los amigos de un niño puedan tener sobre él. Los padres continuamente se preocupan que sus hijos se junten con malos amigos. Aunque pasan gran cantidad de tiempo con sus amigos, es menos de lo que ellos pasan contigo.

Tus esfuerzos tienen más incidencia de lo que jamás pudieras imaginar. Mucho de lo que la gente es se puede atribuir al ambiente.

Los maestros son parte del ambiente de cada estudiante.

Conviértete en el más positivo y alentador entorno de tus alumnos. Cuando así sea, la escuela puede convertirse una experiencia transformadora. Muestra a tus alumnos los más altos ideales… ¡ellos pudieran decidir aspirar a ello!

> No dejes que tu interés por el mañana te impida causar impacto hoy.

> "Haz lo que puedas, con lo que tengas,
> allí donde estés."
>
> —Theodore "Teddy" Roosevelt

Limitado presupuesto

Janet estaba sentada en el piso del taller de "hacer y llevar" tratando de decidir qué cosa era más importante que completara. Ya había hecho el calendario de matemáticas y había empezado el tablero de franela. Tenía seis proyectos más y solo le quedaba una hora en la sesión.

"Tendré que esperar hasta el próximo mes", le comentó a una compañera de trabajo al salir del taller.

Janet sabía que el dinero era escaso en su distrito. En su primer año de enseñanza tuvo muchas sorpresas inesperadas. Su presupuesto de cien dólares no era mucho. Aun no tenía suficientes libros de texto. Los alumnos traían sus propios implementos. El papel era un insumo valioso. Como este era su primer año de enseñanza, Janet no conocía otra cosa. Todo lo que sabía es que si quería algo, tenía que hacerlo ella misma.

Janet aprendió a hacer buenas compras al ordenar a través de catálogos.

Para implementar ideas, aprendió a valerse de la sabiduría de maestros más experimentados.

Ella aprendió a ser una persona que se generaba recursos con lo que tenía.

Los alumnos de Janet consideraban muy natural todos los implementos hechos a mano en su salón de clase. Ellos sí notaron a una profesora innovadora y creativa que tocó sus vidas.

Forma a tus alumnos en cómo hacer lo mejor en cualquier situación dada.

> No interesa cuán grande sea el presupuesto; lo que importa es si administras bien lo que te han dado.

"El fracaso es la única oportunidad de comenzar otra vez, inteligentemente."
—Henry Ford

Lección desaprobada

Juan planificó su estudio sobre apreciación multicultural hasta en lo más mínimo. Él dio a sus alumnos toda libertad para la presentación sus proyectos y se imaginó todo tipo de presentaciones multimedia creativas. Esperó con anticipación los muchos interesantes proyectos que habría para escoger.

Por fin llegó día y Juan empezó a llamar a los alumnos para que hagan sus presentaciones. Después de menos de cinco presentaciones mal hechas descubrió que menos de la mitad de la clase había completado su tarea. Era obvio esta no era solo una situación normal.

Los frustrados padres le mandaron notas con quejas.

¿Qué se había hecho mal?

Lección desaprobada

Juan decidió detener todo y averiguar por qué esta lección había sido de tal obstáculo para los alumnos.

Leyó las notas de los padres nuevamente y descubrió que él había agotado a su clase con lineamientos y expectativas abstractas. La idea fue buena. Pero Juan tuvo que humillarse y admitir a los alumnos y a los padres de familia que él debería haber sido más definido en sus expectativas.

Su actitud humilde eventualmente le hizo ganar la confianza de sus alumnos.

Deja que la creatividad defina tus proyectos, pero asegúrate de esclarecer las pautas para completarlos. Como resultado, tus alumnos pueden sobrepasar tus expectativas cumpliendo creativamente y con coraje sus tareas.

Si un gran número de estudiantes fracasa en alguna tarea, deja tu orgullo y mírate a ti mismo para buscar soluciones.

"Nunca, nunca, nunca te rindas."
—Winston Churchill

Falta de tiempo

A las seis de la tarde, por fin Sandra miró por sobre la pantalla de su computadora. El horario de salida de la escuela había sido hace más de tres horas, y Sandra estaba empezando a sentir los efectos de no haber almorzado. Como jefa de departamento, dependía de ella completar un informe exhaustivo que se le había dado a último minuto.

A las 9:30 p.m., ella llamó a su casa para verificar si su esposo había tenido algún problema en poner a dormir sus dos niños.

A las 10:30 p.m., por fin Sandra estaba satisfecha de haber terminado el informe. Luego trató de imprimirlo. Esperó. Pero no pasó nada. No había tinta en la maquina.

¿Ahora qué?, pensó. Las tiendas de artículos de oficina ya estaban cerradas. "Piensa Sandra, piensa", se dijo entre dientes. Retiró el disco de su computadora y se apresuró en ir a casa. Todo el camino, ella oró para encontrar una solución.

El día siguiente Sandra no podía concentrarse en la rutina matinal. Al momento que se disponía a tomar las llaves del auto, su esposo la detuvo en la puerta.

—No te olvides de entregar esto —le dijo al entregarle el disco.

En ese momento ella se dio cuenta de lo simple de la respuesta a su dilema.

Al entrar a la oficina de la escuela, se acercó a su supervisor.

—Aquí esta el informe que usted necesitaba —dijo al momento de entregarle el disco.

En medio de tu trabajo diligente, las soluciones más simples a menudo se revelan por sí mismas.

> Tal vez no siempre se te dé el tiempo adecuado para que cumplas lo que se requiere de ti. Trabaja a conciencia. Concéntrate en la tarea en vez de los inconvenientes que se te presenten.

"La calidad de vida de una persona está
en directa proporción a su
compromiso con la excelencia."

—Vince Lombardi

Entrenadores

¿Se ha preguntado por qué los entrenadores son tan efectivos y queridos por sus jugadores? Entrenador significa tutor o adiestrador. Un buen entrenador tiene altas expectativas, alienta, y se entrega por completo a su responsabilidad.

Como maestros, debemos aprovechar la oportunidad de aprender de los esfuerzos y la concentración de los entrenadores de nuestras escuelas. Los entrenadores conllevan un sentido del orgullo, un espíritu de cooperación, y la garra de la competencia necesarios para ganar. Los buenos entrenadores se ganan el respeto del equipo, así como el de los padres de familia.

Los buenos maestros trabajan de la misma manera. Si quieres dirigir un equipo ganador, es tiempo de que te conviertas en un entrenador. Sí, los entrenadores algunas veces tienen la ventaja de escoger a su equipo, mientras que los maestros no. Pero los maestros, al inspirar a los alumnos a lograr lo mejor, ya han ganado el partido.

Anima a tus alumnos. Espera lo mejor de ellos. Enséñales a nunca venirse a lo menos. Pasa más tiempo mostrando que diciendo.

Tu aula de clase es como un campo de juego. Hay reglas de juego, puntaje que mantener; hay victorias, y algunas veces también pérdidas.

Es tu trabajo entrenar a los estudiantes a perfeccionar su juego.

Fíjate en el equipo ganador y averigua lo que hacen para ganar.

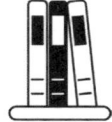

23

"Una madre enseña más que cientos
de profesores."
—Proverbio judío

Frank Lloyd Wright

El buen éxito de Frank Lloyd Wright como arquitecto fue el resultado directo de la influencia de su primera maestra: su madre.

Como muchos de sus contemporáneos en los años 1870, Wright fue educado en casa juntamente con sus hermanos. Su madre siempre buscaba oportunidades para avanzar y mejorar la educación de sus hijos.

En 1876, los Wright, aprovechando de las tarifas de excursión en tren, viajaron desde Boston a Philadephia para asistir a la Exposición del Centenio.

En la exposición, la señora Wright descubrió algo muy positivo para la vida de su hijo, Frank. Estaba expuesta la innovadora idea del "kindergarten" froebeliano, y la señora Wright absorbió vivamente los nuevos conceptos y su aplicación en la educación de sus niños.

Frank Lloyd Wright

Aunque Frank había pasado la edad de kindergarten, las ideas de Froebel fueron un tanto formativas para él, y él atribuyó mucho de su buen éxito arquitectónico a la sabiduría de su madre y la visión que ella tenía para la vida de él.

Como profesor, nunca descuentes la increíble influencia que una madre tiene en la educación de sus hijos. Permite que su visión refuerce tus esfuerzos en la clase.

Una gran ingerencia paternal es la clave del buen éxito en la educación de un niño.

Está agradecido por los padres que participan en la educación de sus hijos. Ellos facilitan muchísimo tu trabajo.

"Haz lo que más temes y la muerte
del temor es segura."

—Ralph Waldo Emerson

Asume el mando

La práctica de interna de Ximena en la secundaria pareció primero ser más intimidante que emocionante. Al entrar al colegio y abrirse paso entre más de dos mil adolescentes que llenaban el pasadizo principal como un mar de pirañas, ella estaba segura de que antes del fin de la semana se la habrían comido viva.

Al entrar a la clase, la señora Ramírez la saludó dándole la bienvenida alegremente y la llevó a su pequeño pupitre al lado opuesto del salón de clase.

—Los alumnos estarán aquí en diez minutos. A mí me gusta comenzar de una vez, de modo que tan pronto suene el timbre, ¡la clase está en sus manos!

El estomago de Ximena estaba rugiendo de protesta.

Rápidamente, ordenó sus materiales y fue al frente del salón. Buscó en la pizarra un pedazo de tiza.

El timbre sonó. Escuchó el tropezón de los pies.

Ximena no tenía idea de cómo romper el hielo.

Se le cruzaban por la cabeza pensamientos frenéticos de lo que debería hacer o decir. Se volvió justo a tiempo para ver un avión de papel remontando vuelo. Diestramente lo tomó cuando estaba en vuelo y sin siquiera pensarlo, dijo: "¡Arribo!"

Las miradas críticas de los alumnos inmediatamente se convirtieron en muecas de aceptación. Con un movimiento seguro, ella había captado la atención de sus alumnos.

Y con eso, Ximena se relajo y empezó a enseñar.

Recuerda que cuando estés al mando, tienes que asumir el mando.

27

"El estímulo es el oxigeno del alma."
—George M. Adams

Equilibrio

"¡Nunca sonrías antes de Navidad!" La mayoría de los maestros saben que hay algunas cosas que uno nunca debe hacer. Y los límites son obligatorios para mantener el respeto y el orden.

El sentido común le aconsejó a Susana que era más fácil manejar menos disciplina que hacer todo más estricto. No obstante, por más que lo intentara, fue incapaz de ceñirse a esa regla.

Ella amaba a los niños y quería que sus pequeños alumnos posean un sentido de seguridad.

Susana quería que sus alumnos se sintieran seguros y que supieran que podían cometer errores sin temor a la humillación.

Recordaba muy bien la vergüenza de tener que pararse frente

a la pizarra por una hora porque ella no sabía la respuesta de un problema de matemáticas cuando estaba en la secundaria.

Ella no quería producir ese mismo sentimiento en sus alumnos.

Como muchos maestros, Susana consideraba que parte de la enseñanza es ayudar a los alumnos a madurar. Ellos necesitan ser alentados a correr riesgos y a crecer en un ambiente de aprendizaje donde se sientan seguros. Susana comprendía que el amor al aprendizaje se cultiva a través del ánimo y no del temor.

Al pasar el año, Susana avanzó exitosamente hacia una clase estructurada pero creativa.

Puede ser un reto mantener un buen equilibrio en tu clase. Deja a tus alumnos lleguen a conocerte como divertido y justo; pero no como alguien que atemoriza.

> Rige con misericordia y gracia, y grande será tu recompensa.

29

"Se conoce que las mentes creativas siempre
sobreviven cualquier clase de mal entrenamiento."
—Anna Freud

Einstein

El joven Einstein nunca fue considerado un niño brillante. Intelectualmente, aun parecía ser un tanto retrasado. Aprendió a hablar tarde. Poco o nada de su futura habilidad fue detectada en su temprana niñez.

A la edad de diez, fue considerado precoz, pero solamente en actitudes.

Aun en la secundaria, se lo consideraba promedio en cuanto a su rendimiento de física y matemáticas. No fue hasta la tutoría de Hermann Minkowski que su ingenio fue descubierto.

Después de esto, las cosas empezaron a cambiar para Einstein. Crecieron su independencia y confianza en sí mismo, tanto que para cualquier universidad de los años 1890 era muy difícil satisfacerlo.

La chispa de genio se prendió completamente cuando consiguió un trabajo en una oficina de patentes. De pronto él vio las leyes de la física entrelazadas con maquinaria pesada en una tienda de patentes. Fue allí donde se impuso el ingenio matemático de Einstein. Y la historia tomó uno de sus más grandes brincos.

¿Cuántas veces un genio pasa inadvertido en un sistema escolar? Nuestro reto como maestros es encontrar los modos más creativos para llevar a la madurez a pensadores independientes y almas creativas, alentándolos a que sobrepasen su imaginación.

¿Hay alguien en tu clase que podría ser, como Einstein, un diamante en bruto?

Disponte para ofrecer el don de la comprensión y el aliento. No se sabe qué talentos permitirás emerger.

"Asegúrate de poner los pies en su
debido lugar, y mantente firme."
—Abraham Lincoln

¿Pasar o repetir el año?

Por espacio de quince años Esteban enseñó ciencias sociales en una escuela secundaria y tuvo la reputación de darle "vida" a la historia. Sus estudiantes parecían siempre prosperar e ir bien.

Pero cada año él descubría más y más estudiantes que presentaban una falta de destrezas básicas en lectura, impidiendo una comprensión esencial.

"¿Cómo ellos llegaron hasta este punto?", se preguntaba.

Dos días antes que se cumpliera el plazo para la entrega de las notas finales, Esteban tuvo una reunión con el director. Parecía que dos alumnos no sólo estaban saliendo mal en su clase, sino también en todas las demás. El director preguntó si Esteban estaba dispuesto a hacerlos pasar de año.

¿Pasar o repetir el año?

Esto pareció más que una petición; más bien, una expectativa.

—No puedo hacer eso —dijo Esteban—. Ellos no pasaron el examen; no vinieron a clase. En efecto, ¡no hicieron nada!

Su director, aun presionando sobre el tema, dijo:

—Ellos ya son mayores. Necesitamos pasarlos de año.

—Entonces otra persona tiene que pasarlos —refutó Esteban—. No es justo para ellos ni para los otros estudiantes que trabajaron duro.

Aunque otro profesor decidió dar a los muchachos una nota aprobatoria para pasarlos, Esteban sabía que había hecho lo correcto.

Algún día quizá tengas que ser el maestro que se preocupa lo suficiente por el futuro de sus estudiantes para mantenerlos al mismo nivel, hasta que ellos realmente aprendan.

Habrá momentos cuando debas mantenerte firme en tus principios, aun cuando sea impopular.

"Si tu juzgas a la gente, no tienes
tiempo para amarlos."
—Madre Teresa

Hojas empapadas

Por Tony Horning

Jaime vino a la escuela una mañana con una toalla enrollada que albergaba su invalorable tesoro. Esperar a compartir fue frustrante para Jaime y su profesor. Este pequeño niño, deseoso de compartir su descubrimiento, interrumpió lección tras lección.

Cuando por fin le tocó el turno a Jaime, los alumnos formaron un círculo en el piso. Jaime bajo su toalla al piso con mucho cuidado y lentamente la desenrolló para poner al descubierto un puñado de hojas de su jardín: viejas, marrones, y empapada. No se trataba de hojas de otoño bellas y coloridas, en sus vibrantes rojos y amarillos; solo hojas viejas, marrones, y simples.

Al momento de mirar alrededor del círculo, el profesor se sorprendió al ver rostros de niños maravillados, sorprendidos, y gozosos.

Hojas empapadas

Al oír a la clase uno pensaría que estaban mirando el Gran Cañón. Cautivados por el momento, esos niños sostuvieron las hojas empapadas como si fueran gatitos recién nacidos.

Allí, en ese círculo, el profesor se convirtió en estudiante. Por un breve momento, él podía recordar los tiempos cuando las cosas más simples en la vida le trajeron asombro y gozo también a él.

Dedica tiempo en tu clase a gozarte de los placeres más simples.

Si pierdes lo pequeño, pierdes la vasta mayoría de cosas en la vida.

"Si un niño recibe elogios, aprende a
mostrar aprecio."
—Dorothy Nolte

Escucha y aprende

María miró muy emocionada los rostros en su primera clase,
esperando que ellos la miraran plenamente de la misma manera.
Sin embargo, no fue fácil producir contacto visual; la única mirada
ansiosa fue cuando miraban su reloj.

¿Cómo compite uno con el reloj?, pensó ella.

Llegar después de otro profesor en la mitad del año fue más
que difícil. Pero sustituir a un profesor que había sido sobremanera
complicó más la situación.

María se preguntaba si alguna vez podría sobrepasar la barrera
entre ellos que parecía tan grande. Su nivel de frustración, aun sin
expresarse, fue inmenso. Su búsqueda por sabiduría la había lleva-

do a ver libros de texto y estudios de investigación, pero no había encontrado respuestas.

Una noche, cuando no pudo silenciar sus pensamientos para dormir, tomó la decisión de que necesitaba dejar de tratar de moldear sus estudiantes, y en vez, comenzar a tratar de comprenderlos

Ella empezó a animar a sus alumnos en lo que parecía por momentos los más pequeños logros, e invirtió mucho más tiempo escuchándolos. Al animar a sus alumnos a usar sus talentos y al escuchar sus problemas, estableció un sorprendente lazo con ellos.

Aun en su inexperiencia, ella fue capaz de encontrar una conexión con sus alumnos simplemente mostrándoles cuánto le importaban.

¿Qué paso extra puedes dar para conectarte con tus alumnos?

Dedica tiempo a conocer a tus estudiantes y muéstrales tu preocupación.

"Deja lo mínimo posible al azar, porque
la preparación es la clave del buen éxito."

—Paul Brown

Los mejores planes

La señorita Sánchez se había esforzado todo el verano en un millar de planes que ella esperaba tendrían cautivada y complacida a su primera clase de kindergarten.

Con los ojos bien abiertos, sus primeros alumnos observaban su salón de clase. Ellos vieron murales que contaban historias, móviles expresivos, y centros de actividades en cada esquina.

La señorita Sánchez dijo a los niños que podían investigar cualquier parte del salón que quisieran.

Beto ni siquiera sabía por donde comenzar. Empezó a deambular de centro en centro hasta confundirse más cada minuto. La señorita Sánchez no se dio cuenta del único explorador cuya frustración iba creciendo. Por fin, con desesperación, Beto se paró en medio del cuarto y gritó protestando.

La señorita Sánchez se apresuró a calmar a Beto pero pronto se sorprendió por otra voz llorosa del lado opuesto del aula. Allí empezó un creciente zumbido de pequeñitos agotados por sus nuevos entornos, que extrañaban a sus madres. En cuestión de segundos, la clase arrancó en un coro de llantos.

Los profesores vecinos se apuraron a ver el caos y calmadamente ayudaron a la señorita Sánchez a reunir y calmar a los abrumados niños de kindergarten. En un momento, todo estuvo bien nuevamente.

La señorita Sánchez estuvo agradecida por los profesores con más experiencia que vinieron en su ayuda ese día.

Si tú eres un nuevo en tu carrera docente, no temas hacer preguntas o recoger la sabiduría de profesores experimentados.

Aprende de la experiencia de los que te preceden. Ellos te ofrecerán consuelo y orientación.

"Poco a poco es la clave."
—Abraham Lincoln

Dale tiempo

Por Ailene Doherty

Amanda era una entusiasta y optimista profesora de primer grado. Después de algunos meses su alumnos estuvieron progresando aun más rápido de lo que ella había esperado; todos, excepto Jonatán.

Jonatán parecía muy retraído. Amanda se preguntaba qué podría hacer para que la clase sea una experiencia feliz para él. Tal vez pudiera darle asiento cerca de niños que lo alentarían. O quizá pudiera ofrecerle algún tipo de recompensa o en su defecto asignarle un mentor.

Entonces le vino un pensamiento. Quien sabe ella estaba tratando en demasía cambiar a Jonatán. Quizás él solo necesitaba tiempo y paciencia. Amanda se relajó y decidió darle tiempo para que progresara a su propio ritmo.

Dale tiempo

Solamente unas semanas más tarde, Jonatán vino durante el recreo y le alcanzó un libro, diciéndole: "Este es mi libro favorito. ¿Le gustaría leer algo de él a la clase?"

Una mejora sorprendente. Su primer paso. Aunque lentos, los cambios se dieron, y al concluir el año Jonatán recibió la mayoría de votos, como el estudiante que más progresó.

Siempre habrá estudiantes que requieran más tiempo para adaptarse y compenetrarse. A veces lo único que necesitan es tiempo, paciencia, y saber que su profesor está disponible cuando lo necesiten.

A algunos niños les lleva más tiempo surgir. Dales tiempo, y no te apresures en arreglar un problema que puede acomodarse por sí mismo.

Todas las comunidades tienen una cultura.
Ésta es el clima de su civilización.

—Walter Lippmann

El ambiente

Laura es una profesora que tiene mucha confianza en sí misma y, sinceramente, tiene derecho a serlo. Ella es muy hábil en evaluar concretamente las situaciones.

Lamentablemente, su sincronización no siempre está bien, y muchas veces se choca con resistencia.

Este año, cuando Laura empezó su enseñanza en una nueva escuela, estaba bien entusiasmada y muy tranquila aunque había sido cinco años desde que había pisado un aula de clase. Su entusiasmo y creatividad la inspiraron a dedicarse a nuevas actividades y programas.

Laura estaba acostumbrada a lanzar nuevas ideas; pero no había tenido antes un director que se resistía a ese tipo de energía.

Cada nueva idea fue paralizada. Su director estaba cómodo con el status quo, no más ni menos.

La innovación de Laura había sido aplastada y se fue amargando. Frustrada, decidió que esa escuela no era el lugar para ella e impulsivamente registró su cambio para el próximo año.

Como es responsabilidad del director conocer a sus profesores, es crucial que un nuevo profesor se dedique a conocer la cultura de su escuela. ¿Qué se valora? ¿Cuáles son las reglas? ¿Quién tiene el poder?

Ser cuidadoso, aprender, y trabajar con los parámetros del ambiente de la escuela nos ayuda a asegurar nuestra habilidad para hacer cambios y ajustes más tarde, cuando la situación lo amerite.

Aprende la cultura de tu escuela; adáptate y sé parte del molde antes de que trates de salirte de él.

"Aprendiendo, enseñarás;
enseñando, aprenderás."

—Proverbio latino

Los maestros son estudiantes

Como maestros, somos perpetuos estudiantes. Es verdad que podamos tomar uno que otro curso en la universidad para renovar nuestros certificados, pero aprendemos también de nuestra propia experiencia de enseñanza.

A través del acto de enseñanza, aprendemos a resolver efectivamente los conflictos. Descubrimos cómo hablar de tal forma que otros escuchen. Recordamos cómo es ser estudiante, así avanzamos con cuidado.

¿Recuerdas la primera vez que tuviste que enseñar fracciones y no fue hasta terminar la lección que tú mismo por fin entendiste? No es algo que debe preocuparte, ¡esto motivo para celebrar!

Los maestros son estudiantes

Experimentar el proceso de aprendizaje juntamente con tus alumnos te provee de una asombrosa intuición.

Diles esto a tus alumnos; ellos sabrán que realmente han aprendido cuando puedan enseñar a alguien. Dales oportunidades dentro del salón de clase para enseñar.

Educar es ser parte del ciclo de aprendizaje y enseñanza.

Cuando asistas a un taller en que aprendas algo nuevo, enseña a otros lo que has aprendido. Cuando cometa un error, anima a otros a no hacer lo mismo.

Ten un corazón humilde en el campo de la enseñanza. Nunca se sabe qué se puede aprender o de quién.

> No temas de convertirte en el alumno de tus estudiantes.

45

"La educación no es llenar una cubeta,
sino encender el fuego."

—William Butler Yeats

Enciende el fuego

Con la nueva prueba estandarizada de conocimientos básicos, los profesores se movilizaron para permanecer en la cumbre de su formación de tal manera que sus alumnos respondieran bien en la prueba. Las demandas fueron grandes, y el tiempo era bastante limitado. Resultaron enseñando sobre la prueba, que no es la mejor manera de enseñar; pero parecía ser un mal necesario.

A Sergio, un profesor de matemáticas, la preocupaba un grupo de estudiantes que se estaban quedando atrás. Él tenía solo seis semanas más para completar la multiplicación, y aun algunos alumnos estaban luchando con los conceptos básicos. ¿Qué podría hacer?

No había tiempo para repasar y volver a enseñar a estos pocos. Pero Sergio tampoco estaba dispuesto a aceptar la idea de que algunos alumnos fracasaran.

Así como el rey Salomón, siglos atrás, comprendió que el conocimiento por el bien del mismo no tiene significado. Decidió enfocar su atención en inspirar a sus alumnos con una pasión por aprender. Esta inspiración sobrepasaría a cualquier evaluación; los prepararía para el examen de la vida.

Con este objetivo, hizo el mejor uso del tiempo que tenía. Añadiendo entusiasmo y ayudas visuales a su enseñanza durante esas últimas escasas semanas, inspiró un combustible de avidez por el conocimiento entre los estudiantes.

Lo que cuenta es la chispa que enciendas en tus alumnos. Se filtra a través de las grietas y alcanza a los estudiantes en cada nivel.

> **La chispa por el saber que enciendas en tus alumnos será un factor determinante por toda la vida.**

"Mira todo; pasa por alto gran parte;
corrige un poco."

—Papa Juan XXIII

La disciplina

La disciplina es probablemente lo que más se trata en conversaciones y el aspecto más incomprendido de la educación. La palabra "disciplina" viene de la raíz latina disciplino, que significa instruir. Está basada en la idea de aprendizaje más no de castigo.

Formular un plan disciplinario es lo primero que se espera de un profesor, aun antes de que escriba los planes de lecciones. Cada profesor tiene diferentes límites de disciplina. Tu plan disciplinario puede ser muy original.

El proceso de adaptación a varios planes disciplinarios ayuda a los niños a aprender a adaptarse a distintas expectativas de la gente.

La disciplina

Demasiada disciplina puede frustrar al que aprende. No has sido llamado a frustrar o a ser demasiado escrupuloso. Define reglas que sean simples, fáciles de observar, y además, justas.

Cuantas más reglas tengas, tantas más reglas tendrás que mantener a la vista Y si no te cuidas, terminarás gastando gran parte de tu tiempo pescando a los chicos cometiendo errores.

Decide límites definibles, y conviértete en guía en vez de cazador de errores. Corrige solamente cuando sea absolutamente necesario, y asegúrate que se cumpla cada consecuencia.

Cuando sea posible, utiliza consecuencias naturales. Por ejemplo, si un niño no estudia para un examen, fracasará. Las consecuencias naturales son fácilmente comprendidas y reforzadas. Más importante es que enseñan lecciones de vida que más tarde serán esenciales y valiosas a los estudiantes.

> Los buenos maestros no abruman a los alumnos con pequeñeces; se centran en lo que realmente vale la pena.

"No limites a un niño a tu propio aprendizaje,
porque él ha nacido en otro tiempo."

—Dicho de un Rabino

La inclusión

Jennifer esperó pacientemente mientras su jefe de departamento abordaba la agenda de la reunión. Era la segunda vez que había sido programada para hablar, pero temía que esta vez tampoco habría tiempo para ella.

Los alumnos con problemas de aprendizaje de Jennifer estaban luchando en un ambiente de clase regular; no debido a su habilidad, sino porque definitivamente había un sentido de exclusión.

Jennifer necesitaba presentar este asunto como defensora de sus alumnos. Después de todo, quién abogaría por ellos. Jennifer estaba dispuesta a hacer lo necesario para cambiar la forma en que eran percibidas las necesidades de sus alumnos. Pero a no ser que el equipo le diera la oportunidad de hablar, ella no podría hacer algo por esa necesidad.

La inclusión

Finalmente, a su turno, Jennifer se basó en los hechos, pero bastante emotiva. Revelando su compasivo corazón, Jennifer mostró a los otros maestros cómo era sentarse en una clase donde uno es ignorado, donde todo suena falso, y las cosas parecen sin sentido.

Después de hacer su afirmación final y retornar a su asiento, sus compañeros de trabajo la miraron como si la hubieran visto por primera vez. Por fin comprendieron la desprotección que sus estudiantes sentían.

Nunca dejes pasar una oportunidad en que puedas abogar por tus alumnos.

Recuerda que eres portavoz de tus alumnos. El silencio puede percibirse como conformidad.

"Saben suficiente quienes
saben aprender."
—Henry Adams

Cómo aprender

No fue hasta la academia de postgrado que Carmen aprendió cómo aprender. Había pasado mucho de su tiempo en la escuela memorizando hechos sin significado. Pero en la academia de postgrado Carmen aprendió a pensar en forma crítica, a sintetizar información, y a sacar sus propias conclusiones. Examinó cómo aprendía mejor y pudo fácilmente identificar varios estilos de enseñanza. Con este conocimiento, todo lo que tenía que hacer para ser exitosa era adaptar su estilo según la necesidad.

¿Por qué demora hasta que ingresen a la universidad antes que los estudiantes aprendan cómo aprender, o mejor aún, cómo ellos aprenden?

Aun desde el kindergarten los niños tienen la capacidad de reconocer su propio estilo de aprendizaje, si se les enseña cómo hacerlo. Brinda a tus alumnos la habilidad de descubrir su propio estilo de aprendizaje, y tendrán ilimitadas oportunidades. ¡Ese conocimiento es un increíble potencial!

Si no has analizado tu propio estilo de pensamiento y aprendizaje, no podrás ayudar a tus alumnos a ganar el mismo entendimiento. Arriésgate a hacer un profundo estudio de ti mismo. Te complacerá y sorprenderá lo que descubras.

> Evalúa tu estilo de enseñanza mediante la reflexión en tu propio estilo de aprendizaje.

"En el arsenal de la verdad, no hay arma
más poderosa que los hechos."

—Lyndon B. Johnson

Revelación

—Cariño, necesitamos ir a la tienda de artículos de oficina. Necesito algunas cosas para mi clase —dijo Cecilia a su esposo.

—¿Qué necesitas esta vez? —le preguntó.

—Lo de siempre. Papel, lapiceros negros y rojos, formularios, y algunos archivadores.

—¿No podrías tomarlos del armario de artículos de oficina? —le preguntó.

—¿Qué armario? —dijo Cecilia riendo—. Una vez que se acaban las cosas, no hay más. Y es un enredo conseguir que el asistente contable haga órdenes de compra sólo para lápices. Es más fácil que yo los compre.

En una investigación, los profesores dijeron que gastaban de doscientos a dos mil dólares al año en artículos para su clase. Los profesores están acostumbrados a suplir lo que falta. A veces los profesores hasta tienen que suplir lo básico.

Lamentablemente, gastar nuestro propio dinero puede ser contraproducente, en vez de ayudar a los profesores. Los que toman las decisiones no sienten la falta de presupuesto cuando los profesores gastan su propio dinero tratando de solucionar ellos mismos los problemas.

Cuando te sientas tentado a suplir a tu clase de tus propios fondos, trata de recordar que tu generosidad puede estar enmascarando insuficiencias de presupuesto que necesitan ser reveladas. Aunque puede ser muy inconveniente y frustrante, hacer el pedido y esperar por los artículos básicos revela la necesidad para que las cosas cambien.

> A veces es mejor sentir la falta de algunos artículos para resaltar el problema a los padres de familia y los administradores.

"Un buen cumplido me fortalece
dos meses."

—Mark Twain

Un cumplido

El doctor McGuire era el director de la escuela secundaria de Lackspoor. Él era, indudablemente, la persona más eficiente con quien los maestros habían trabajado. No obstante, era uno de los administradores más frustrantes entre el personal. Nunca los elogiaba, pero tampoco los criticaba. Él solo sacaba en los boletines lo que debería pasar y cuándo.

Cuando Alicia había trabajado allí muchos años, se enteró de que la esposa del doctor McGuire estaba muy enferma. Ella sabía que enviarle una tarjeta sentimental no sería lo apropiado. Así que decidió hornearle un pastel ángel de su especialidad, y dárselo. Si él no aprobaba este gesto, ella no podría ser muy severamente castigada, por lo que ya tenía buen tiempo en su puesto.

Un cumplido

Alicia se complació infinitamente cuando al día siguiente el doctor McGuire le entregó un pedazo roto de una bolsa de papel, en que decía: "Usted no sólo es una buena cocinera, sino también muy buena profesora."

Alicia fue a su aula de clase, aforrándose al primer cumplido de su director, maravillándose del poder que tienen los pequeños actos de bondad.

El poder de un sincero cumplido no está nunca demás y es la mejor inversión que puedas hacer a los que te rodean.

> Invierte en tus alumnos, muéstrales tu confianza en ellos, halágalos, y reconoce sus talentos.

"Nada en el mundo puede tomar
el lugar de la persistencia."
—Calvin Coolidge

La perseverancia

Por Ailene Doherty

A los alumnos del décimo grado de Jenny les encantaba Shane, la pequeña novela por Jack Schaefer. Y llegó a tradición que ella compartiera esta novela cada año.

Dos de los personajes principales son Joe y Marian Starrett, comuneros en Wyoming en los años 1880. Joe trabajó diligentemente para limpiar su tierra. Día tras día trató de quitar los tocones, preguntándose si alguna vez los conquistaría. Pero un día su perseverancia fue premiada, y tuvo a sus pies los viejos raigones. Marian estuvo tan determinada como su esposo.

En una ocasión, se olvidó que había puesto un pastel de manzana al horno. Ese pastel se arruinó, pero sin vacilar horneó otro.

La perseverancia

Jenny había aprendido muchas lecciones de Joe y Marian. A veces, cuando había trabajado por horas en el periódico mural de la escuela y aun no se sintió satisfecha, ella de decía: "Sigue adelante, Marian lo hizo."

Muchas mañanas, Jenny llegaba a la escuela temprano para ayudar a sus alumnos con los ensayos escritos. A veces se desanimaba cuando un estudiante que era experto en la electrónica tenía dificultad de expresar sus pensamientos por escrito.

Pero seguía adelante y por lo general tuvo la satisfacción de conquistar sus propios "tocones" empedernidos.

Apoya tenazmente a tus alumnos. No hay mayor satisfacción que ver a un estudiante vencer los obstáculos y triunfar.

Si te rindes,
dejas de lado
tus alumnos.
Ellos merecen tu
perseverancia.

"Si deseas ser un líder de largo alcance, sólo obedece la velocidad límite en un giro de dos carriles."

—Charles Farr

Andar en fila

Cuando Flora llevaba a su clase por el pasillo hacia la cafetería del almuerzo cada día, estaba determinada a enseñarles a andar derecho, en alto, y con propósito. Ella no quería que divagaran sin rumbo por el corredor.

Flora esperaba que sus niños de kindergarten aprendieran la debida forma de hacer las cosas, y el andar juntos en fila era lo primero que debían aprender.

Cuando los alumnos mayores andaban por el pasillo frente a su clase, haciendo bulla y andando desordenadamente, ella lo señalaba a sus alumnos:

—¿Ven esa clase? Mostrémosle la manera de andar respetuosamente.

Andar en fila

Sus alumnos, con la cabeza en alto, se formaban en fila, y pasaban junto a la clase de los mayores quietamente y en orden.

Los nuevos alumnos que llegaban a la clase, desde el primer día eran adoctrinados a andar en file.

—Te voy a mostrar cómo se hace —decía Flora.

Luego ella dirigía a su clase, como la mamá pata guía a sus atentos patitos. Sus alumnos aprendían rápidamente. Era un asunto de gracia y belleza.

Los maestros son líderes. Dirige a tus alumnos en la debida senda mostrándoles qué quieres y cómo quieres que se haga. Dirigir a tus alumnos "en su camino" empieza con las tareas más simples.

Muéstrales cómo tú andas.

El legado más poderoso que puedes dar a tus alumnos es el ejemplo de tu trayectoria por la vida.

61

"La motivación es cuando tus sueños se
visten con ropa de trabajo."
—Parkes Robinson

Sueños

Lori no comprendía la mentalidad de algunos de sus contemporáneos respecto a la posibilidad de cumplir sus sueños. Ellos creían que era suficiente soñar. A Lori la confundía la actitud de que "algún día me descubrirán".

Ella también tenía sueños. Lori soñaba con llegar a ser una profesora. Así se matriculó en la universidad. Ella soñaba algún día enseñaría a profesores, de tal manera que hizo su doctorado. Ella soñaba con escribir libros, así que aprendió a hacerlo. Empezó a dar conferencias educativas, ¡y logró publicar sus obras!

Lori consideraba que los sueños no deben permanecer tales; deben convertirse en realidad, aunque pueden haber sueños que siempre serán sueños.

Lori también sueña con viajar por el mundo y ser profesora misionera, o iniciar su propia escuela. Aunque ahora el sueño parezca inalcanzable y lejano, ¡es posible! Solo significa más trabajo y tiempo.

¿Cuáles son tus sueños?

Si piensas que has puesto de lado tus sueños, ¡reconsidera!

"Yo progreso rodeándome de personas
más inteligentes que yo, ¡y las escucho!"
—Harry J. Kaiser

El equipo

Después de convertirme en administradora, Madelyn se sintió agotada. Aunque se había adiestrado para ese cargo y tenía los debidos títulos académicos que la respaldaban, ella comprendía que implicaba más que eso. Ella tenía que depender del consejo de los que ya trabajaban en la oficina.

El asunto era decidir de quién dependería. Después de algunos meses de conocer su personal, comprendió no era realmente "su" personal. Ellos aun se sentían vinculados a su predecesor.

Esta situación podría haber detenido el progreso del departamento. Madelyn no podría ser experta en todo. El currículo era su fuerza, pero la programación, no. La interacción con los padres de familia era su deleite, pero no se desempeñaba muy bien en público. Ella necesitaba gente que pudiera llenar los vacíos y hacer así un equipo. Aunque no siempre era fácil, tenía que depender en las fortalezas del equipo.

Tan pronto como llegaban las oportunidades, debido a renuncias o transferencias, la misión de Madelyn fue de explorar expertos.

Al final del segundo año, sintió que por fin tenía un equipo dinámico en su departamento, y apreciaba y seguía sus consejos. Se hizo evidente que se esperaba y se prefería que ella dirigiera en los aspectos de su fortaleza.

> Aunque no puedas escoger a tu personal, apóyate en lo mejor de sus habilidades. Cuando ellos sobresalen, el equipo también lo hace.

"Tienes que seguir desarrollando
o serás como un pan de maíz pasado: seco y viejo."
—Loretta Lynn

Sazónalo

¿Se ha hecho rutina tu enseñanza? ¿Cómo sabes?

¿Puedes enseñar esa lección de álgebra en tu sueño? ¡Cuidado! Quizá estés enseñando mientras tus alumnos duermen.

Esfuérzate por ser un profesor "sazonado", uno al que no le falta vigor. Un profesor sazonado es aquel que trae variedad, brío, y complacencia a la clase.

Algo que es sazonado despierta las papilas gustativas e invitan al receptor a querer más. Una vez probado, ¡es ansiado!

¿Se emocionan tus alumnos con tu enseñanza?

¿Desean más?

¿Cómo puedes convertirte en profesor sazonado en vez de envejecer? ¿Qué puedes añadir a tu repertorio que es inusual e interesante? ¿Cómo puedes ser sorprendente y desafiante? No tienes que hacer un espectáculo. Solo necesitas darle vida a tu enseñanza.

Hay muchas oportunidades de hacer las cosas de otra manera. Envía a pedir un catálogo. Toma una clase. Anda a escuchar a ese orador. ¡Descubre tu propia sazón personal!

Tus alumnos no solo volverán para recibir más, ¡tú gozaras de tu propia enseñanza!

> Sazona tu enseñanza. Trae nueva emoción al aula de clase.

"Cuando cometas errores, admítelos;
aprende de ellos y no los repitas."
—Bear Bryant

Aprende de tus errores

Los directores previos de Natalia la habían preparado para que
sea una buena profesora, una que aceptara responsabilidad de buena
gana y hábilmente.

Aceptó muy complacida su traslado a la oficina del distrito y estaba segura de que era su próximo paso. Aunque extrañaba la clase,
sentía que sería capaz de influir en personas de otra jerarquía.

Su primera tarea como profesora de recursos fue de rastrear una
filmadora que estaba perdida y que había sido robada de una escuela secundaria de la localidad. Natalia se sintió segura en su nuevo
cargo y, considerando que el asistente del director era un antiguo
colega, se sintió cómoda de tratar con él esta situación.

Aprende de tus errores

Lamentablemente, tan pronto como empezó a cuestionar al asistente del director por el manejo de este robo, su confianza fue percibida como intimidación. Ella no solo percibió gran resistencia, sino que también distanció a la persona que podría haberle dado respuestas.

Dándose cuenta de su error trató de disculparse, pero en vez de parecer sincera, se interpretó su actitud como poco profesional. Fue presentada una queja, y al día siguiente Natalia fue rebajada en clase a trabajo de oficina.

Natalia se lanzó imprudentemente hacia una función que ella pensaba tenía inherente poder y respeto. La verdad es que el poder y el respeto se ganan, no son generados en virtud de la posición.

Cuando estés en una nueva situación, date tiempo para aprender los detalles y tus tomarás decisiones mucho más eficazmente.

Antes de actuar, dedica tiempo a aprender la cultura de tu nuevo ambiente.

"Es una perdida de tiempo imaginar
lo que haría si las cosas fueran diferentes.

No son diferentes."

—Dr. Frank Crane

Reprimenda

Bob no podía sentirse cómodo en el ambiente de su escuela. Había tantas cosas que deseaba que fueran diferentes. Demás, él era el único profesor de su equipo

Si hubiera más hombres aquí —pensaba él—, tal vez me sentiría más parte de esto. Él se había especializado en matemáticas en la universidad y fue una idea tardía dedicarse a la docencia. No había sido su intención ser profesor, y no se sentía muy seguro en su rol de enseñanza.

Constantemente analizaba su situación buscando cosas que pudiera haber hecho de otra manera. Y sus colegas se cansaban de su constante cuestionamiento al respecto.

La mayor parte del tiempo, los otros maestros almorzaban en silencio cuando Bob se quejaba.

Reprimenda

Un día Bob refunfuño:

—Si solamente las cosas fueran distintas…

Finalmente, uno de sus amigos replico:

—No son distintas. Pues, ¡confórmate y sigue adelante!

Bob lo miró sorprendido, como si le hubieran dado una bofetada en la cara. Después de un momento, su gesto se suavizo y se dio cuenta de que su amigo tenía razón. Fue esa sola afirmación que ayudó a Bob a cambiar su perspectiva, a avanzar, y a disfrutar de su trabajo como profesor.

Puede ser doloroso oír la verdad, pero trata de recordar la reprimenda de los amigos está basada en amor y puede ser una oportunidad para cambiar.

> Las cosas pueden cambiar sólo si tú puedes cambiarlas.

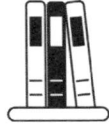

"Si no te gusta el camino por donde andas,
empieza a pavimentar otro."

—Dolly Parton

La senda correcta

La madre de Patricia era profesora. Su abuela fue profesora. Sus dos hermanas eran profesoras. Aun así su madre la animó a hacer algo distinto. Ella le decía: "Tú puedes progresar más."

Para apaciguar a su madre, Patricia llego a ser patóloga del habla. Se graduó con honores y se fue a trabajar en un famoso hospital de niños.

Después de tres años con distintos clientes cada hora y en un ambiente en que no se sentía cómoda, empezó a sentir pavor ante cada nuevo día.

Los síntomas de insatisfacción se presentaron. Patricia empezó a llegar crónicamente tarde. Se relegó socialmente en el hospital. Estaba cansaba todo el tiempo y empezó a detestar la carrera que había elegido.

La senda correcta

Un día, uno de sus niños clientes estuvo a punto de retirarse de su tratamiento. Los padres le preguntaron a Patricia si ella los acompañaría a la reunión de la escuela para explicar las dificultades de habla que tenía su hijo al profesor de oratoria.

Patricia fue de buena gana. Ella siempre había estado curiosa acerca de los pormenores de la escuela. Después de la reunión, empezó a vagar por la escuela invadida por el pensamiento: ¡Aquí es donde pertenezco!

Al día siguiente, Patricia tomó las necesarias medidas para trasladar su carrera al sistema escolar. Por primera vez en su vida, se sintió contenta y realizada con su trabajo. Ella cumplió su propio sueño… Había seguido a su propio corazón.

¿Has elegido tu propio camino?

¿Has seguido los deseos de tu corazón?

Escoge tu propia senda, ¡y no te desvíes!

"Nunca se pierde una buena obra; el que
siembra amabilidad cosecha amistad,
y el que planta generosidad consigue amor."
—San Basil

George Washington Carver

Siempre que George Washington Carver trató de asistir a la escuela, era retirado o ridiculizado porque era negro.

Después de la Guerra Civil de los Estados Unidos, no era nada fácil para los esclavos salir adelante en la vida. Aun así, George insistía.

Los Liston eran una pareja de blancos, quienes hicieron amistad con George mientras él estudiaba en al escuela universitario Simpson en Iowa. Ellos eran dueños de una librería, y él pasaba gran parte de su tiempo libre allí. Posteriormente, George eligió asistir a la universidad estatal de Iowa, y una vez más era el único estudiante de raza negra. Inmediatamente, fue el objeto de insultos raciales. En una carta a los Liston, Carver se quejó del modo como lo trataban.

La señora Liston tomó el tren a la universidad y anduvo por todo el recinto universitario de brazo con Carver. ""El día siguiente todo era distinto —más adelante explicó Carver—. Ella rompió el hielo, y de ahí en adelante todo se hizo más fácil."

Los alumnos que por una u otra razón no se adaptan, a veces solo necesitan una mano de ayuda, no necesariamente para avanzar sino para hacer contactos.

¿Hay en tu medio un alumno que hoy podría necesitar tu colaboración?

Se un defensor de alguien que realmente lo necesita.

"Lo que en un país se honra será
cultivado allí."
—Platón

¿Qué crece en tu jardín?

Cada escuela tiene su cultura.

Una pequeña escuela se verá y funcionará diferente de una escuela más grande. Una escuela en el centro de la ciudad se verá muy distinta a una escuela rural o suburbana. La primaria es diferente a la secundaria; una escuela particular no es igual a una escuela estatal.

Las diferencias no radican solo es en la estructura, sino en los valores y las creencias de los residentes.

Estudia a fondo una escuela, y verás lo que allí se aprecia. Anda por los pasadizos, y verás lo que valoran.

Entra por una escuela de aspecto árido, con paredes blancas, sin signos de vida y en completo silencio, y sentirás como que has entrado en un hospital. Los directores de esa escuela piensan que los estudiantes están allí para ser curados por su enseñanza.

Entra por otra escuela, con paredes coloridas cubiertas con los trabajos de arte de los estudiantes, donde las puertas de los docentes están adornadas con su estilo personal, y verás una escuela que valora el trabajo de los estudiantes y la personalidad de los profesores. Hay un ambiente llamativo, uno que fomenta el crecimiento.

¿Dónde prefieren florecer las mentes creativas? Prefieren un lugar donde hay luz, calor, y mucho alimento.

¿Es tu escuela un lugar de crecimiento? ¡Podría serlo! Empieza con tu clase.

Decide hoy ser labrador del suelo en tu escuela.

77

"El secreto del buen éxito es
la constancia al propósito."

—Benjamín Disraeli

Lo más importante

Por Tony Horning

Como profesor auxiliar, Carlos se sentía muy entusiasmado con todas las amenidades y novedades que tenía la oportunidad de presentar a sus alumnos. Sin hacérselo saber, los profesores que lo supervisaban atendían todos los demás deberes, dejándolo con una falsa percepción de libertad como profesor. Antes que se diera cuenta, él había caído en la rutina y había perdido su sentido de propósito.

Como nuevo profesor, muy pronto la innovación es cambiada por la mecanización. Al entrar a su aula de clase, muchos recién graduados universitarios descubren que les espera mucho más de lo que jamás pudieran haberse imaginado. Pronto se ven agobiados bajo una avalancha de papeleo de estudiantes, del director, y del distrito. La creatividad y el entusiasmo pueden fácilmente ser aplastados por las innumerables e inadvertidas demandas de la clase.

Poco a poco Carlos se dio cuenta de su disipación. Él sabía que asignar y corregir tareas no era enseñar. Reconcentró su atención y desarrolló límites saludables para sí mismo, para sus alumnos, y para los requerimientos diarios. Como resultado, una vez más tuvo en su clase chispas de brillo y creatividad. Sus alumnos prosperaron y la enseñanza nuevamente llegó a convertirse en su pasión.

Más que cualquier cosa, tus alumnos necesitan que seas un líder capaz de reforzar el hecho de que ellos son más valiosos que todas las tareas que jamás pudieras asignarles.

> Recuerda que lo más importante es que lo más importante sea lo más importante.

"Un verdadero líder mantiene siempre una cuota de sorpresa, la cual otros no pueden captar, pero que mantiene a su público entusiasmado y pasmado."

—Charles de Gaulle

Invitación abierta

Teresa inspeccionó el salón de clase una vez más antes de que llegaran los padres de familia.

Las tareas asignadas a los alumnos estaban desplegadas prominentemente, y hojas para las firmas de voluntarios estaban la vista. El cuarto lucía organizado y creativo. Esta era la décima vez que Teresa tenía una noche de invitación abierta; pero todavía tenía mariposas en el estómago al momento que los padres tomaban asiento en los pupitres de los niños. Ella se sentía más en exhibición que las obras de arte de sus alumnos.

Esta era su oportunidad de dejar una buena primera impresión. Pueda que sea una de las pocas veces que ella vería a estos padres cara a cara. Quería que fuera una experiencia positiva; una que infunda crédito y confianza de su habilidad de enseñar a los hijos de ellos.

El salón estaba repleto; no había espacio libre. Teresa recorrió el gentío, entregando una hoja de búsqueda de claves que ella pensaba pudiera romper el hielo. En unos minutos los niños y los padres estaban recorriendo el salón buscando las cosas en la lista. Cuando por fin todos retornaron a sus asientos, Teresa se relajó cuando vio los rostros sonrientes y entusiastas.

Era un buen comienzo de un gran año.

Haciendo el esfuerzo extra necesario para que los padres sientan confianza en tu enseñanza producirá resultados perdurables.

> Cada año muéstrate a los padres como una persona capaz. A los padres les gusta saber que tú estás a cargo.

"Ningún acto de bondad, por más
pequeño, jamás es desperdicio."
—Esopo

Las conferencias

En los cursos de educación de Sara no se había tratado el tema
de las conferencias entre padres de familia y el maestro. Cuando ya
era profesora, se enteró que se esperaba que se reuniera con cada
padre de familia por lo menos una vez al año.

La mayoría de sus alumnos se estaban desempeñando excepcionalmente bien, con buenas notas y buena conducta. Pero había algunos que eran frustrantes. La aterraba pensar en las conferencias
con los padres de ellos.

Sara empezó con las conferencias fáciles, con la esperanza de
que los padres de los estudiantes que tenían mayor dificultad ni
siquiera se aparecieran.

Después de dos o tres conferencias, Sara notó que al trasmitir cosas positivas acerca de sus alumnos, los padres respondían con un "Por favor, no dude avisarnos si Juanito se porta mal alguna vez." Y se preguntaba si lo mismo pudiera suceder con los padres que estaba evitando.

Ella llamó a cada uno de los padres de sus más problemáticos alumnos y les dijo por lo menos una cosa positiva acerca de su hijo. No fue fácil, pero la forzó a centrarse en los puntos fuertes de estos alumnos.

Unas semanas más tarde ella programó sus conferencias. Repitió lo positivo y luego pidió ayuda con lo negativo. Se animó al descubrir que estos padres estaban tan dispuestos como los demás a ayudarla y le aseguraron que la apoyarían.

No todos tus problemas serán fácilmente resueltos. Pero una actitud positiva abre la puerta a que los padres trabajen contigo en buscar soluciones.

> Di a los padres, lo positivo primero. Entonces lo negativo resulta más digerible.

83

"Se necesitan setenta y dos músculos
para fruncir el ceño, pero solo trece para sonreír."
—Anónimo

El valor de una sonrisa

A veces las exigencias pueden causar mucha tensión a los profesores.

En un día, se te exige que llenes una montaña de trámites, que calmes a un padre de familia tenso, que te reúnas con tus compañeros de trabajo para hablar del presupuesto del próximo año, y… ah, sí… ¡se espera que enseñes!

La presión de estas exigencias puede hacer difícil encarar con entusiasmo, día tras día, la insaciable curiosidad de tus alumnos.

Tus gestos faciales lo dicen todo. Si tienes los ojos caídos o si fijas la mirada con indiferencia cuando enseñas, no puedes comunicar a tus alumnos amor por el aprendizaje. Pero, ¿qué si ese día no te sientes muy entusiasmado por el vocabulario?

El valor de una sonrisa

Los científicos han descubierto que aun la risa forzada tiene un efecto beneficioso, tanto mentalmente como físicamente. Puedes pensar que al "fingir" eres hipócrita, pero a veces en medio de una sonrisa forzada, tú en realidad sonríes. Una simple sonrisa puede cambiar tu actitud y revitalizar tu enseñanza.

No te olvides que una sonrisa es contagiosa. ¿Qué estás "contagiando" hoy tus alumnos?

La próxima vez que estés nervioso, cansado, o tenso, emite una buena sonrisa.

"Si hubiera alguna medida más cierta para un hombre que aquello que hace, tendría que ser aquello que da."

—Robert South

La nueva profesora

Jazmín era la profesora más nueva de la escuela primaria de Jackson.

Al entrar a la sala de profesores su primer día, ella se sintió como una extraña. Se sentó en una mesa sola y abrió su lonchera. En pocos minutos las mesas se llenaron, y hubo vívidas conversaciones acerca de los niños, los planes, y los sucesos del día.

Nadie parecía darse cuenta de Jazmín.

A la mitad del almuerzo, la directora entró para avisar a un profesor de una llamada telefónica. Antes de que desapareciera por la puerta, dijo a Jazmín:

—Nos agrada tenerte con nosotros, señorita Sánchez.

Jazmín se sintió inmediatamente más aceptada, y finalmente visible.

—¿A quién estás sustituyendo hoy día, querida? —preguntó una profesora de edad.

—Ah, no. Soy profesora aquí. Yo soy la nueva especialista en lectura —dijo Jazmín.

De pronto, ella no sólo era visible pero estaba en exhibición. Los de su mesa parecieron francamente interesados en ella, y le hicieron preguntas acerca de sus antecedentes y sus ideas de enseñanza.

¿Cómo das la bienvenida a un nuevo profesor? Cuando llega un nuevo profesor, haz por ellos esas cosas que te habrían hecho sentir más cómodo en tu nuevo puesto.

Trata de recordar cómo te sentiste cuando eras un nuevo profesor.

> Si eres un antiguo profesor, haz lo necesario para que los nuevos profesores se sientan bienvenidos.

"No busques la culpa; busca el remedio."
—Henry Ford

Padres protectores

A primera impresión, la señora Jiménez era la madre con que soñaban la mayoría de los profesores. Dos mañanas a la semana hacía de voluntaria en la clase, y participaba activamente en el aprendizaje de su hija.

Sin embargo, conforme progresaba el año, el compromiso de la Señora Jiménez llegó a ser agotador.

Comenzó a llamar a la profesora a su casa los fines de semana. Acompañaba a su hija en cada excursión, aunque no se precisaba de ella. Empezó a aparecerse para el almuerzo cada día.

Aunque la profesora apreciaba las intenciones de la señora Jiménez, ella podía notar que Natalia se sentía incómoda por la constante presencia de su madre.

Padres protectores

La profesora trató de disuadir a la señora Jiménez de ir a las excursiones y la animó a cortar un poco las visitas en la hora de almuerzo, pero ella rehusó nerviosamente el consejo. No estaba lista a soltar su participación.

En vez de causar innecesaria tensión, la que podría dañar la relación de padre de familia a profesor, esta maestra decidió cambiar su estrategia, incluyendo a Natalie en las actividades grupales cuando su madre no estaba presente. Esto requirió un poco de esfuerzo extra pero al final fue una situación que benefició a todos.

Al tratar potenciales conflictos con padres de familia, recuerda que algunos de los mejores resultados pueden ser derivados de un compromiso.

Sé gentil y comprensivo al tratar con los padres. Ten en mente que ellos están confiándote sus más preciados tesoros.

"Lleva tiempo ahorrar tiempo."
—Joe Taylor

Estar preparado

Los planes de lecciones son eso: ¡planes! ¡No sólo aparecen! Pero hay veces que todo profesor siente que no tiene tiempo de ponerse a escribir planes estratégicos.

¿Conoces a maestros que no se preparan? Siempre parecen estar ajetreados juntando materiales a último minuto y no están seguros de la página que les toca hasta que los alumnos les digan.

Por supuesto, hay muchas cosas que los maestros tienen que hacer que nada tienen que ver con la enseñanza. A nadie le gusta llevar tareas a casa. Y el tiempo de un profesor es muy valioso.

Pero el tiempo gastado tratando de decidir: ¿Qué vamos hacer hoy? no es tuyo. Es de tus alumnos.

Estar preparado

Parte importante de la enseñanza es dar buen ejemplo de eficiencia en la administración del tiempo.

Tu director, tus colegas profesores, tus alumnos, y los padres de tus alumnos observaran tu manejo del tiempo. La manera en que administras el tiempo es prueba de tus valores y tus prioridades

¿En qué estás utilizando hoy el tiempo? ¿Cuánto tiempo inviertes en las cosas o en las personas que más te importan?

Muestra a tus alumnos que ellos te importan. Vaya a la clase preparado.

"Bienaventurados los que nos curan del autodesprecio.
De todos los servicios que podemos ofrecer a alguien,
no sé de uno más precioso."

—William Hale White

La cantante

Berta era considerada como la mejor cantante del coro.

El año había sido muy atareado, y no puso su acostumbrado empeño en una difícil pieza que iba a presentar en una competencia. Su vida como estudiante del último año de la secundaria la tuvo increíblemente ocupada, y no dedicó el tiempo necesario a practicar.

Cuando llegó la presentación, se olvidó algunas de las palabras y no recibió la usual ovación.

Berta se sintió muy mal.

En el ómnibus camino a casa, el director del coro trató de consolarla. Sus palabras sólo intensificaron la culpa que sentía. Ella no sólo se desacreditó a sí misma, sino también desmereció a su escuela.

La cantante

Después que todos bajaran del ómnibus, Berta rompió en llanto. Bajó la cabeza y lloró amargamente, porque sabía que no había hecho lo mejor. De pronto sintió una mano sobre su espalda, miró hacia arriba, y vio a su director que también tenía lágrimas en los ojos.

Las lágrimas del director confortaron el corazón de Berta.

Por sus palabras comprendió que él creía que ella actuaría mejor la próxima vez; pero por su interés sincero comprendió que él estaría presente para apoyarla.

Más que otra cosa, tus actos sinceros y cordiales hacia tus alumnos levantarán el espíritu a un corazón abatido.

> Muestra lo que sientes, y sana un alma.

93

"El corazón benevolente y bondadoso…
más se asemeja a Dios."

—Robert Burns

Leo Buscaglia

Leo Buscaglia, autor de gran éxito de ventas, creció en un hogar italiano. Aprendió inglés como segunda lengua. Al ingresar a la escuela, Leo fue catalogado como mentalmente deficiente, y se recomendó situársele en una clase especial. Fue "descartado" por quienes se creían expertos.

La señorita Hunt enseñaba en esta clase especial. Ella era cariñosa, cálida, y prestaba poca atención a las categorías impuestas a sus estudiantes. Ella dio ejemplo a su clase del amor por aprender y vio en Leo un gran potencial.

En la clase de la señorita Hunt, Buscaglia prosperó, y después de varios meses, ella insistió en que se le hiciera una nueva evaluación. Los resultados lo ubicaron en un sistema educativo regular.

La señorita Hunt siempre estuvo dispuesta a ayudar a Buscaglia. Lo animó y lo convenció de que había cosas maravillosas por delante.

¿Conoces un niño que ha sido "descartado" o "dejado de lado" por los padres, profesores, u otros estudiantes?

Tal vez tú eres el maestro, como la señorita Hunt, que le dará el beneficio de la duda.

Un corazón compasivo y estimulador puede ser aquello que lleve a un estudiante a triunfar.

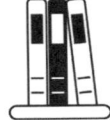

"Una idea es salvación por imaginación."
—Frank Lloyd Wright

La gritería

Las grandes expectativas de Susana por sus estudiantes a veces la llevaron a momentos frustrantes. Ella enseñaba en el séptimo grado, y se dio cuenta de que frecuentemente estaba alzando la voz, sólo para lograr la atención de los alumnos. A Susana le disgustaba gritar. No era natural para ella, y era extremadamente frustrante. Aunque al gritar captaba la atención, mayormente sólo le daba dolor de garganta.

Susana necesitaba una mejor forma de captar la atención de sus alumnos, algo que tuviera el mismo efecto sin causar estrés. Ella siempre pensó que tenía un buen control de su clase. Ahora no estaba segura. Tenía que haber una mejor forma.

Más tarde esa semana, asistió a un seminario con doscientos otros profesores. Muchos de ellos no se habían visto en algún tiempo, y las conversaciones iniciales crearon un tanto de conmoción.

El líder, inmune a la bulla, anunció con voz normal: "Si pueden oír mi voz, aplaudan dos veces."

Cuando la bulla decreció, dijo: "Si pueden oír mi voz, aplaudan tres veces."

De pronto todos hicieron silencio.

Esa simple demostración de control fue lo que Susana estaba buscando. No veía la hora de empezar a aplicarlo en sus propias clases la siguiente semana.

Abre tu imaginación a nuevas y creativas medidas que capten la atención de tu clase.

Aprende a desactivar las frustraciones poniendo tus energías en la busca de soluciones positivas.

"El silencio no siempre es prueba de diplomacia…
Es la diplomacia que es oro, no el silencio."

—Samuel Butler

Los chismes

El chisme puede abundar en un salón de profesores.

Si no se cuidan, los profesores pueden acostumbrarse a escudriñar la vida de cada quien, el comportamiento, los pormenores, o la apariencia.

Heber había decidido desde mucho tiempo que no se prestaría a cualquier tentación deliberada de acusación de un compañero de trabajo. Aun así, se convirtió en un involuntario participante en chismes muy destructivos. Los otros profesores consideraban su silencio como afirmativo.

Más tarde descubrió que él también había sido calumniado.

Heber estaba herido y desilusionado. Penosamente se dio cuenta de cuán fuerte fue oído su silencio y cuán malentendido fue su significado. No quería vengarse; le vinieron a la mente ideas para reparar el daño causado. ¿Qué podría decir? ¿Qué podría hacer?

Él necesitaba palabras; pero no palabras que declararan su inocencia, sino palabras de paz. Decidió que desde ese día solamente usaría palabras que estimularan y edificaran a sus colegas. El decidió "desactivar" a sus colegas con bondad.

Al decidir liberarte de los círculos del chisme y en cambio hablar amablemente, ganarás el respeto de tus colegas. Más importante, podrías cambiar el ambiente y el espíritu de equipo en el liderazgo de tu escuela.

Habrá poco de qué chismear si te mantienes ocupado difundiendo alegría, mostrando empatía, y enseñando bien.

"Entre quienes haya sincera verdad,
hay amor."

—Henry David Thoreau

Comportamiento poco profesional

Jessica era una nueva y joven profesora cuyo entusiasmo a veces se debía frenar.

Dar elogios le salía naturalmente y cuando le venía en gana felicitaba abundantemente a sus colegas. Jessica era también una persona muy afectiva y muchas veces abrazaba a los profesores a quienes apreciaba.

Ella estaba muy agradecida al señor Sardá, el profesor de gimnasia, por la manera que trataba a sus alumnos de kindergarten. Él era adorado por sus alumnos, respetado por los padres de familia, y tenía una personalidad ganadora. El señor Sardá era muy buen mozo, ¡y casado!

La infinidad de abrazos y entusiasmo de Jessica, aunque bien intencionados, carecían de límite profesional. Y los comentarios acerca del comportamiento de Jessica produjeron muchos ataques en su carácter. También causaron una andanada de susurros acerca del señor Sardá.

Preocupada, una cercana colega conversó con Jessica para advertirla antes de que la situación dañara su carrera. A esto, Jessica aceptó de buena gana el consejo de su colega, agradeciendo bastante el gesto.

Si te encontraras en una situación similar, revisa tus propios motivos. Pregúntate: ¿Quiero de veras ayudar a esta persona? Si es así, prueba esto:

1. No dañes.
2. Sé sensible, más no con superioridad.
3. Modera tus emociones.
4. Despersonaliza el tema.
5. Sé breve.

A veces la mejor manera de mostrarle a una persona que la valoras es hablándole la verdad con amor.

> Si realmente quieres ayudar, verás la manera de hablar la verdad con amor.

"La educación ayuda al niño
a descubrir sus potencialidades."
—Erich Fromm

Alberto

Alberto diariamente causaba problemas a su profesora.

Siempre tuvo que interrumpir las lecciones para tratar algún arrebato o una infracción a la regla. La señora Ramos trató de adherirse estrictamente a su plan de disciplina. Trató de ignorar su conducta, y hasta trató de sobornar a Alberto. Todas estas soluciones tuvieron poco efecto. Eran "curitas" cuando se necesitaba cuidado holístico.

Como todos los maestros, la señora Ramos conocía a sus alumnos bastante bien. Ella conocía los gustos y los disgustos, las fortalezas y las debilidades, los dones y los talentos. Decidió probar un acercamiento de combinación que tratara al niño en su totalidad y no sólo su conducta.

Como Alberto era dotado en el arte, la señora Ramos le dio la responsabilidad de hacer carteles. Debido a que él trabajaba mejor solo que en grupo, le asignó tareas específicas en la hora de los grupos. Y considerando que a él le gustaba la atención, lo llamaba para respuestas aun antes de que levantara la mano.

Con el tiempo, aminoraron los arrebatos de Alberto y fue aumentando su productividad. La señora Ramos había encontrado una mejor forma de enseñanza tanto para Alberto como para ella misma.

Trata siempre de recordar que tus alumnos son más que un conjunto de conductas. Ellos son gente con necesidades, deseos, y preferencias. Cuando haya problemas, mira pasada la situación y hacia el niño.

Conoce a tus alumnos suficientemente bien como para identificar lo que necesitan. Luego dales eso.

> No distingas a tus alumnos por su conducta. Ayúdalos a convertirse en algo mejor de lo que piensan que podrían ser.

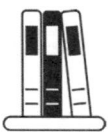

"Aunque viajemos por el mundo para encontrar la belleza, debemos llevarla con nosotros o no la encontraremos."
—Ralph Waldo Emerson

Delfín a la vista

El viaje diario a la escuela cansaba muchísimo a Elena. Tenía que pasar dos puentes y a través de un horrendo trafico matinal. Cuando ella finalmente llegaba al aula de clase, estaba agotada.

Ella hizo el intento de salir de casa más temprano, pero considerando donde vivía, no hacía diferencia. Nunca sabía cuánto tiempo le llevaría cruzar los puentes.

Un lunes en la mañana hubo un accidente en uno de los puentes. Elena puso a su auto en neutro para sentarse y esperar. Era una mañana de brisa en la Florida y la playa juntamente al puente atraía a caminantes de la mañana. Quisiera dejar mi auto y caminar por la playa, pensó Elena.

De pronto la gente estaba saliendo de sus autos, señalando a las calientes aguas del mar. Elena se deslizó por la puerta para ver qué era la conmoción. Un grupo de delfines estaban saltando en las aguas justo en la orilla del mar.

A Elena invadió un sentido de belleza y paz.

A partir de ese día, ella consideró el tráfico como una oportunidad de ver a delfines. Y esa sencilla observación cambió su vida.

En el ritmo apurado de la vida, detente para oler las rosas.

No te enfrasques tanto en la vida que pierdas la belleza que te rodea.

105

"El mayor premio al esfuerzo del hombre no es lo que consigue de esto, sino lo que llega a ser por ello."
—Ruskin

Reuniones

Hay momentos en que parece que las escuelas se han convertido más en lugares donde los profesores tienen sus reuniones, en vez del lugar donde enseñan.

Reuniones para mejoras en la escuela, reuniones de tecnología, reuniones de padres y profesores, y las reuniones de participación en la comunidad se llevan a cabo en todo el país. Es fácil ver esas reuniones y los comités como algo para lo cual tú, un profesor muy ocupado, no tiene tiempo. Y cuando las reuniones se conducen fuera de las horas escolares e infringen en tiempo personal, puedes aun sentirte confinado y llegar a frustrarte e indignarte.

No obstante, ¿qué comunica una actitud indignante a los administradores, a los padres de familia, y a otros profesores? Aunque pienses lo contrario, estas reuniones se realizan para crear un mejor ambiente de aprendizaje para nuestros estudiantes.

A lo mejor piensas que las escuelas están muy bien del como son actualmente.

Quizá debas darles una mirada más de cerca.

Todas las organizaciones necesitan mejoras. ¿Haces tu parte en este proceso?

Tú sabes lo que debes hacer.

La pregunta es: "¿Amas lo suficiente a tus alumnos como para hacerlo?"

> Las escuelas de calidad son el resultado de profesores de calidad que van más allá del llamado del deber.

"Nadie es inútil que aligera la carga
por alguien más."
—Charles Dickens

Estímulo

La decisión de Judit de tener un trabajo compartido tuvo origen en su deseo de quedarse en casa con su hija recién nacida, por lo menos a tiempo parcial. Esta opción no estaba resultando tan bien como ella esperaba.

La niña se enfermaba todo el tiempo. Judit nunca tenía tiempo suficiente para planificar, y hacer un trabajo en conjunto dejaba mucho que desear. Casi siempre llegaba a casa cansada y a punto de llorar.

Fue la madre de uno de sus alumnos que por fin notó su angustia y desgano. Esta madre le ofreció no sólo palabras de consuelo, sino su amistad. Ella había pasado por lo mismo.

Judit terminó ese año, debido en gran parte al aliento y el estímulo de una madre comprensiva.

Los maestros en todas partes conocen los beneficios de estimular a los alumnos.

Todos necesitan que alguien los aliente de vez en cuando. No te limites a estimular a tus alumnos. El profesorado también necesita ser alentado.

¿Hay entre los docentes de tu escuela un profesor que hoy podría beneficiarse de tu estímulo?

"No se puede estrechar manos con
la mano empuñada."
—Indira Ghandi

Transferencia

El año pasado Edita fue la única profesora de primer grado que quedó del equipo después que un número sin precedente de profesoras hicieron transferencia. Los puestos vacíos fueron llenados por profesoras de distintas escuelas, cada uno con diferente antecedente y agenda.

En la primera reunión de equipo de profesoras se hicieron las presentaciones. Edita se preguntaba si ella también debería haberse transferido. La aprensión se vio reflejada también el rostro de las otras profesoras. Había un silencio incómodo al momento que se sentaron en las mesas de actividades de los niños.

Después de unos minutos de presentaciones formales, Edita se armó de valor y decidió expresar su opinión. "Esta puede ser una experiencia miserable, o puede ser el mejor año que cualquiera haya tenido." Las profesoras empezaron a conversar abiertamente, cada una comprometiéndose a hacer su parte para trabajar en armonía.

Ese año fue el mejor que ellas jamás habían experimentado. Fue el primero de cuatro dinámicos años de trabajar juntas.

La diversidad del grupo se convirtió en su fortaleza. Por ejemplo: la experiencia de una de las profesoras era de una escuela de las zonas urbanas deprimidas. Ella conocía bastante acerca niños de alto riesgo. Así que cuando alguna de ellas tenía esa clase de alumnos, ella se convertía en "experta" y ayudaba a sus compañeras a manejar la situación.

Cuando había conflicto ellas lo resolvían, y llegaron a ser un equipo más fuerte.

No te desesperes cuando haya adversidad. Acéptala, y aprovéchala como oportunidad para crecer.

"El tino es el arte hacer una observación
sin hacerse de un enemigo."
—Howard W. Newton

Acentúa lo positivo

Carolina no estaba segura de cuándo todo empezó. Pero era obvio era que su tolerancia por la incompetencia había disminuido.

Ella estaba muy preocupada por uno de los profesores de ciencias del séptimo grado. Uno tras otro de los alumnos del señor Reyes estaban fracasando. Los alumnos habían informado que él acostumbraba sentarse en su escritorio a leer el periódico y que alzaba la vista de vez en cuando para llamar la atención a alguien que hacía desorden. Él ya no rendía como profesor pero era tan duro en su trato que hasta los padres de familia no sentían la libertad de quejarse.

El mayor problema era que el señor Reyes había estado en esa escuela más tiempo que cualquiera, aun de los administradores.

Acentúa lo positivo

Carolina sabía que como directora, su proceder seria testimonio de su propia efectividad. Ella empezó a felicitar a los profesores que se desempeñaban excepcionalmente. Aun generó un informe a la prensa local acerca de los profesores y los programas de lo que se sentía más orgullosa.

Los padres de familia empezaron a requerir traslados de sus hijos a las clases de los profesores que eran elogiados. Esta onda de energía positiva sacó del panorama al señor Reyes. En realidad, decidió jubilarse temprano.

Muchas veces es más práctico acentuar lo positivo que eliminar lo negativo.

Favorecer lo positivo se aplica a estudiantes y a profesores.

113

"Él… consiguió superarse, y esa es
la mejor victoria que se puede desear."

—Miguel de Cervantes

El punto dulce

En el beísbol, los jugadores se refieren al "punto dulce" en el bateo. Lo describen como pegar la pelota de tal modo que instintivamente sepan que va a ir más allá de los límites del campo.

Muchos atletas pueden identificarse con un "punto dulce". Los corredores saben cuándo corren al ritmo que ganarán en la carrera. Los nadadores sienten que se deslizan por el agua hacia la victoria. Los ganadores de medallas olímpicas pueden definir el momento en que sabían que habían ganado, ¡mucho antes de que cruzaran la meta!

Asimismo, como profesor, sabes lo que sientes cuando los alumnos captan un concepto. Se enciende una luz y las ideas empiezan a dar vuelta en el cerebro de ellos. Estas son las lecciones en que pasas más tiempo. Estas son las que aun tus más "débiles" alumnos comprenden. Estas son las que hacen un impacto duradero y que tus alumnos recordarán, aun en la adultez. Es un sentimiento que urgentemente necesitas para definir tu enseñanza.

No es realista esperar que cada vez alcanzarás ese "punto exacto" en tu enseñanza. Todos tenemos días en que no nos va tan bien. Pero los atletas o deportistas que han experimentado el sentimiento del "punto exacto", buscan la seguridad que éste les provee.

¿Qué se necesita?

Requiere de práctica, compromiso, y el deseo de cumplir tu trabajo lo mejor posible.

> Decide hoy cumplir tus responsabilidades lo mejor posible.

"Sé amigo de ti mismo, y otros
también serán tus amigos."

—Thomas Fuller

Amigos tal para cual

Roberto estaba acostumbrado a ser el único profesor masculino
en su escuela y sentía urgente necesidad de camaradería con profesores que pensaban como él.

A veces le parecía que había mucho negativismo en las conversaciones de las profesoras. Él quería conversar con maestros que
veían a los niños de la misma manera que él, que trabajaban como
él, y que consideraban a los padres de familia como él lo hacía.

Durante los pasados diez años, Roberto había cambiado de
escuelas cuatro veces en la búsqueda de docentes con el mismo
parecer que él. Se preguntaba si aun debía dedicarse a la enseñanza
y empezó a considerar un cambio de profesión; pero sabía que
extrañaría mucho a los niños.

Amigos tal para cual

Roberto decidió quedarse donde estaba y sacar de su mente todo pensamiento de transferencia.

Después de tres años finalmente hizo amistad con un nuevo profesor. Pensaban y enseñaban similarmente y su amistad era amena y vigorizante. En los siguientes años, Roberto empezó a conocer por lo menos un profesor al año con quien podía conversar e intercambiar nuevas ideas.

Estas amistades entre los docentes eran alentadoras y ampliaban su visión de la enseñanza.

Así como las recompensas de la enseñanza pueden ser pocas y no muy frecuentes, quizá sólo de vez en cuando te encuentres con un profesor conforme a tu propio corazón. Pero esos profesores, así como las escasas recompensas, serán una poderosa influencia en tu vida.

Haz lo posible por llega a conocer a tus colegas. Pudieras descubrir un alma gemela.

"Confiere a cada ser humano todo derecho
que reclamas para ti mismo."
—Robert G. Ingersoll

Las etiquetas

Los profesores conocen el daño que puede hacerse a un niño etiquetado de cierta manera. Esa "etiqueta" puede seguir al niño por años venideros.

Sea por fracasos o incompatibilidades, o aun por talentos y logros, las etiquetas o clasificaciones dañan. Impiden a los niños a destacar y a confiar en sí mismo, y aun pueden causar innecesaria ansiedad en un niño dotado.

Las etiquetas educacionales no se limitan a los estudiantes. Podemos ser tentados a etiquetar a profesores, padres de familia, directores, y administradores.

Puede ser como algo sutil como: "Ella es una profesora principiante" o "Ese niño tiene padres difíciles".

Las etiquetas

Aunque no se exprese verbalmente una clasificación, el daño está hecho. La reputación cambia y se definen las percepciones.

Así como hay que ver a los estudiantes principalmente como estudiantes, los profesores necesitan ser vistos en primer lugar como profesores.

Todos luchamos con la percepción. Si consideras perezoso a un profesor, para ti esa es la realidad de la situación. En cambio, si decides ver a ese profesor como alguien que necesita ser motivado, puedes relacionarte con esa persona y ayudarla.

Decide hoy desafiar tus propias percepciones. Pudieras marcar una diferencia en la vida de otro.

Las etiquetas pertenecen a las conservas, no a la gente. ¿Estarías dispuesto a aclarar tu punto de vista de otros?

"Lo que viene del corazón, va al corazón."
—Samuel Taylor Coleridge

El personal de apoyo

Se necesitan muchas personas para hacer que funcione una escuela. El personal incluye profesores, administrativos, cocineros, guardianes, personal de mantenimiento, y la lista prosigue.

Si tú eres nuevo en una escuela, preséntate primero a estos importantes grupos de trabajadores.

Sabemos que hay cocineros que gritan demasiado a los niños u operadores de planta que desaparecen cuando hay trabajo que hacer. Pero sin ellos tu trabajo sería mucho más difícil.

El crecimiento del tamaño de nuestras escuelas dicta

que hay que contratar más personal de apoyo. Así como no puedes mantener tu auto funcionando sin mecánico y combustible, necesitas al personal de apoyo para que puedas realizar todo lo que aspiras para tus alumnos.

Haz lo posible por conocer al personal de apoyo de la escuela. De vez en cuando, exprésales tu aprecio. Habla amablemente de estas personas y a ellas. Bríndales palabras de ánimo y hazlo frente a otros.

Tus pizarrones siempre estarán limpios, te servirán un plato extra de tu menú favorito, y también desarrollaras amistades en la escuela. Pero lo más importante es que enseñarás a tus alumnos la más valiosa lección: respeto al prójimo.

> Modela a tus alumnos el respeto al prójimo y el espíritu de equipo.

"Nadie puede hacerte sentir inferior
sin tu consentimiento."
—Eleanor Roosevelt

¿Estudiante o profesora?

Samanta se sintió intimidada en su primer día de práctica como interna.

A sólo veintiún años de edad estaba a punto de transitar por los pasadizos de su rival de secundaria en sus propios días escolares. Por extraño que pareciera, sintió todo muy familiar.

La montonera de amigos fuera de la cafetería. El frenesí del primer timbre. Los pupitres de madera todos en fila al estilo de una sala de conferencias. Se sentía como una estudiante de pie en la oficina del frente, tarea en mano, esperando ver al director.

Después de breves presentaciones y un deslucido tour, Samanta se apresuró para su primera clase. Agilizó el paso al aproximarse al pasillo principal. Luego como si fuera un destello en la noche, se oyó un: "¡Camina!"

Samanta se volvió para disculparse antes de entrar al salón de clase. Entonces pensó intrigada: ¿Soy una estudiante o una profesora?

Más tarde ese día, entró a la cafetería de los profesores. Al momento que rondaba la fila de "A la carta" fue abruptamente detenida por una profesora cuya voz reconoció de más temprano ese día.

—Jovencita, ¿qué haces aquí? Esto solo es para profesores.

—No soy estudiante —contestó, con la cabeza en alto—. "Soy una interna aquí.

—¡Una interna! Te sugiero que hagas lo posible por parecer una profesora. No podía distinguirte de los estudiantes.

Samanta replicó educadamente:

—Siento haberla ofendido. Pero el hecho es que soy una interna, y sí pertenezco aquí.

Rebajada, la ruda profesora retornó a su lugar en la fila.

> Deja pasar la intimidación. Mantente en alto en la posición que justamente te has ganado.

"Dios le dio al hombre trabajo, no para que sea una carga para él sino para bendecidlo; y el trabajo útil, realizado voluntariamente, con alegría, y eficazmente, ha sido siempre la expresión más fina del espíritu humano."

—Walter R. Courtnay

Espejo, espejo

Tito no podía recordar por qué eligió la docencia treinta años atrás. Sea cual haya sido la razón, ya no la recordaba.

Él esperaba con ansia los siguientes años, sólo porque lo llevarían lejos de la educación, y tenía la esperanza de dedicarse a algo que más lo satisficiera. Su apatía era visible; no sólo a sus compañeros profesores, sino también a los estudiantes.

Para sus colegas Tito se mostraba distante y desinteresado. Muy raramente interactuaba en algún evento social. Aun los saludos cordiales usualmente los recibía con un gruñido.

A sus alumnos, Tito les daba tareas con toda la agudeza de un sargento de adiestramiento de la marina.

Su conducta y su actitud decían mucho a sus alumnos. Tito comunicó a través de sus actos que la enseñanza era un trabajo horrible y que la intimidación era un poderoso motivador. Sus alumnos identificaron las tareas escolares como un castigo.

¡Qué testimonio!

¿Qué testimonio das a tus alumnos? ¿Qué ética laboral infundes en tu enseñanza? ¿Qué han aprendido al observarte?

> La autorre-
> flexión clarifica
> mejor que cual-
> quier espejo.

"Una de las mejores maneras
de persuadir a otros es con tus oídos."
—Dean Rusk

El arte de escuchar

¿Has tenido alguna vez una conversación con alguien cuyas respuestas no correspondían con tus pensamientos sino con los de él? ¿Conoces a personas que no pueden esperar que la otra se calle, para decir lo que quieren decir?

Esteban tenía la personalidad más fuerte de todo el comité de selección de libros de texto. Sus puntos de oposición, los que expresaba con suma frecuencia, recordaban a sus colegas los argumentos finales de un abogado. Él era lógico, racional, y un solucionador de problemas. Sin embargo, el alienaba a todos los del comité y muy a menudo los intimidaba a un silencio reacio.

Como resultado, Esteban se frustró por la falta de entusiasmo del comité. Él trataba de repuntarlos hacia un consenso sobre los temas, pero todo lo que percibía era ambivalencia.

Realmente, Esteban se había enfrascado a sí mismo aislándose del grupo.

Con su típica vehemencia, finalmente dijo:

—No vamos a ningún lado. ¿Qué quieren de mí?

De hecho, un miembro contestó:

—¡Una oportunidad de expresar nuestra opinión!

De esta experiencia embarazosa, Esteban aprendió una importante lección de vida.

Cuando trabajes en equipo, piensa positivamente y busca respuestas en términos orientados a soluciones.

> Sé sincero contigo mismo y evalúa. ¿Eres un jugador del equipo?

"Hay un solo rincón del universo que
ciertamente puedes mejorar, y ese es tu propio ser."
—Aldous Huxley

Muestra y explica

Elizabet era conocida por su enseñanza innovadora. El año anterior había sido escogida como "Profesora del año".

Ella había llegado a ser popular y era buena en obtener recursos económicos para enriquecer la experiencia educacional de sus alumnos. Segura de que otros querían participar de su brillo, ella sugirió y ofreció un taller a los profesores interesados en hacer cosas similares. Ella les enseñaría todo lo que había aprendido.

El director aprobó esta sugerencia y Elisabet anunció su taller en la próxima reunión de docentes.

Una semana más tarde, estuvo en su aula de clase mirando el reloj. Se percató de que no nadie había venido a la reunión. Justo antes de que se fuera, una amiga vino a verla.

—¿Viniste para el taller? —preguntó ella esperanzada.

—No. Vine a ver cómo te fue.

—Supongo que todos tenían otras cosas que hacer —dijo Elizabet—, porque nadie apareció.

—Lo siento. Tal vez la próxima vez podrías hacerlo más social, y ellos vendrán.

—¡No era mi propósito ser sociable!

Tan pronto como las palabras salieran de su boca, Elisabet se dio cuenta de que su actitud había estado totalmente errada. De razón, nadie se presentó a la convocatoria. Ella misma se había aislado de sus colegas.

Determinada a no dejar que esa actitud guiara su conducta nuevamente, ella compartió sus secretos con sus colegas docentes a nivel personal y recuperó la confianza de ellos y mutua estima.

Si tú te encuentras frustrado con otros porque no cumplen con tus expectativas, comprueba primero tu actitud.

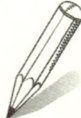

"Las estadísticas no sustituyen
al buen juicio."
—Henry Clay

Más que estadísticas

Cada año las notas de evaluaciones estandarizadas se usan para determinar si los estudiantes están o no triunfando. Los distritos publican reportes clasificando a sus escuelas de acuerdo al rendimiento en las evaluaciones. Descifrar estos reportes estadísticos no es muy fácil.

Tomás y su familia se estaba mudando a otra ciudad y su corredor le había enviado calificaciones pormenorizadas de las escuelas de los alrededores.

Los reportes eran complejos. El podía ver qué escuelas tenían las más altas calificaciones en lectura y matemáticas, pero no podía descifrar qué escuelas tenían los profesores más dedicados e innovadores.

Más que estadísticas

Tomás quería que sus hijos asistieran a la escuela del vecindario, sin tener que viajar en ómnibus. Él quería que ellos se sintieran seguros, pero parte de una comunidad mayor.

Con el reporte a mano, seleccionó cinco escuelas y decidió viajar a visitar cada una. Tomás emitió su juicio final basado en los siguientes criterios:

1. ¿Qué escuelas tenían un personal de oficina amigable?

2. ¿Qué escuelas le permitieron visitar libremente los salones de clase?

3. ¿Qué escuelas tenían directores que pasaban más tiempo en los salones de clase que en su oficina?

La elección final de Tomás fue una escuela que había clasificado bien en las notas de las evaluaciones pero alto también en otras cosas que importaban. Los hijos de Tomás prosperaron allí y se sintieron muy felices con la elección que su padre había hecho.

> Recuerda que la enseñanza es más que una alta calificación en las evaluaciones; también enriquece vidas.

131

"Las mejores cosas y la mejor gente se definen de su separación. Yo estoy en contra de una sociedad homogenizada porque quiero que la crema levante."

—Robert Frost

Atrévete a ser diferente

La búsqueda por la igualdad diluye el poder de la diversidad. Puedes verlo en todo lugar. Cada niño recibe un trofeo sea que gane o no. Las competencias son solo espectáculos disfrazados de talento mediocre. Todo está designado a asegurar la satisfacción de la mayoría posible.

Destacarse por sus logros no está de moda. Puede hacer aparecer mal a alguien. En algunos lugares, hasta se desaprueba que alguien vaya más allá de la llamada del deber.

¿Estás creando una clase homogénea? ¿El gran realizador siente que puede brillar, o está su talento oculto entre el promedio?

Cuando establecemos los mismos límites para todos, estamos ignorando dones únicos e individuales.

Es cierto que en este mundo de cuotas y demografía, es duro defender la diversidad.

Pero, piensa al respecto. Como profesor, ¿te parece que todos los profesores deberían ser premiados con los mismos baluartes? ¿Te asusta la idea del pago premio al mérito o la premiación al profesor del año? ¿Te molesta un nuevo profesor con ideas brillantes? Si es así, pregúntate porqué.

En vez de que tus temores te paralicen, deja que enciendan un fuego de inspiración en ti.

¡Atrévete a ser diferente! Permite alguna individualidad en tus alumnos. Solo entonces descubrirás su verdadero potencial.

"El secreto del buen éxito es la
constancia al propósito."
—Benjamín Disraeli

Sé fiel a tus metas

Es fácil que te distraigas de tu misión como profesor. Tu tiempo es limitado y hay grandes demandas.

Los buenos maestros están siempre a la caza de nuevas y mejores formas de hacer las cosas. Quieren hacer que la lección sea más emocionante para sus alumnos y para ellos mismos.

A veces un cambio de ritmo o estilo puede tener un gran impacto.

¿Has asistido alguna vez a una conferencia o un taller que era particularmente innovador y apasionante? ¿Aprendiste estrategias o un nuevo programa que parecía tener É-X-I-T-O escrito por todos lados?

Todos sabemos por experiencia que solo porque algo es nuevo no significa que sea mejor. Y justamente porque es diferente no significa que funcionará.

Sé fiel a tus metas

¿Cómo puedes juzgar si una nueva idea vale la pena de probar? Hazte estas preguntas:

1. ¿Esta idea me inspira?

2. ¿Esta nueva técnica se mezcla cohesivamente con mi estilo de enseñanza?

3. ¿Puedo incorporar esta idea al salón de clase y aun lograr mis metas con los estudiantes, o ésta se convertirá en elemento de distracción?

Cambiar simplemente por el afán de cambio no es suficiente. Tú necesitas ver claramente una conexión directa entre la estrategia o programa y las aspiraciones que tengas por tus alumnos.

"Aunque el mundo está lleno de
sufrimiento, está también lleno de
triunfo sobre el mismo."

—Helen Keller

Annie Sullivan

Antes de que Annie Sullivan empezara a enseñar a Helen Keller y a trabajar con ella, se la consideraba como una especie de niña salvaje. En su mundo oscuro y silencioso, Helen alborotaba tanto la casa que sus padres estaban desesperados.

Después de un comienzo frustrante y lento, Helen reconoció su primera palabra en lenguaje de señas: agua. Fue un día de triunfo para ambas: la profesora y la alumna.

Muy pronto Helen aprendió otras palabras y Annie estaba orgullosa de su alumna. Le parecía increíble cuán rápidamente Helen aprendía. Ella vio su progreso como un milagro. Los logros de Helen fueron sorprendentes; ella alcanzaba lo que parecía imposible.

Cuando Helen pudo expresar sus pensamientos, los arranques de llanto pararon. Ella estaba alegre y contenta.

Siempre que Annie le enseñaba una nueva palabra, Helen abrazaba fuertemente a su profesora y la besaba.

Los profesores de estudiantes con retardo y discapacidades testifican de milagros similares. Los padres generalmente quedan eternamente agradecidos al profesor que abre el mundo de su hijo y les da esperanza.

El potencial de cada niño puede ser descubierto. Los profesores tienen la llave. ¿Estás dispuesto a dedicar tiempo a averiguar cuál es la llave que abre la puerta?

¡Atrévete a ser diferente! Permite alguna individualidad en tus alumnos. Solo entonces descubrirás su verdadero potencial.

"No es cosa mí rehacerme, sino hacer
absolutamente lo mejor de lo que Dios hizo."
—Robert Browning

Creciendo

Si por mucho tiempo has estado enseñando del mismo modo
y bajo las mismas condiciones, entonces podrías sufrir un agota-
miento.

Así como animas a tus alumnos a que nunca dejen de aprender,
tú también debes continuar desarrollando, creciendo, y enrique-
ciendo tu vida en maneras que quizá nunca hayas considerado.

Si tu actitud hacia los talleres es que solamente te alejan de tu
clase y no son valiosos, entonces debes buscar otras oportunidades
de crecimiento.

Comprométete en asistir por lo menos a una conferencia educacional al año, aunque no te paguen por hacerlo.

Únete a una asociación local y estudia las revistas y los materiales que vienen con la membresía.

Si no tienes tiempo de tomar un curso en la universidad sobre tendencias y temas actuales, entonces por lo menos anda a la librería de la universidad para comprar un libro que parezca interesante.

Si sientes como si por algunos años solo hubieras estado tratando de mantenerte a flote, decide ahora zambullirte. A veces tienes que participar activamente en programas educacionales y de la comunidad para nuevamente sentirte parte de las cosas.

Un buen comienzo es que pases tiempo con los profesores que conversan acerca de la educación, en vez de los que se quejan. Muy pronto recordarás por qué te dedicaste a la enseñanza. La aventura puede comenzar nuevamente.

Diariamente haz un esfuerzo en crecer y desempeñarte al máximo.

"Es imposible hacer feliz a un hombre
poniéndolo en un lugar feliz, a menos que
primero se encuentre en un estado feliz."

—Benjamín Whichcote

¿Eres feliz?

La escuela donde anteriormente trabajaba Jobita era nueva, plasmada de la más reciente tecnología y profesores innovadores. Ella ansiaba regresar, pero no tenía la suficiente antigüedad.

Jobita se sentía muy mal en la escuela primaria donde actualmente trabajaba. Esa escuela era antigua, pequeña, y llena de profesores conservadores. Su frustración fue aumentando hasta que finalmente decidió irse.

Mudarse a un nuevo distrito era prometedor. Considerando que su nueva escuela estaba ubicada en la capital del estado, pensó que sería evidente el énfasis en la calidad.

Pero nuevamente, debido a la falta de antigüedad, la ubicaron en una escuela en una zona de bajo estrato social, que era antigua y rural, y llena de profesores que estaban atascados en sus viejas rutinas.

"Quiero regresar a mi antiguo distrito —se quejaba frente a su esposo—. Eran más profesionales allá."

Jobita continúo mudándose de una escuela a otra, nunca satisfecha. El hecho es que en su primera escuela, tampoco estaba contenta.

La raíz de todo es que Jobita no era una persona feliz. Las reubicaciones geográficas y nuevas circunstancias nunca cambiarían ese problema. Jobita no había descubierto que la verdadera felicidad personal viene de adentro.

Da una mirada a tu mundo. ¿Estás contento? Si no, da una mirada hacia dentro. ¿Te complace a quien ves?

> ¡La actitud lo es todo! Si no estás conforme en el lugar donde Dios te ha puesto, examina tu corazón.

"Si un amigo tiene problemas, no lo molestes
preguntándole si hay algo que puedas hacer.
Piensa en algo adecuado, ¡y hazlo!"

—E. W. Howe

Amigas

Cindy y Sofía estaban esperando bebés al mismo tiempo este año
escolar. Debido a que eran amigas, esto lo hacía más especial.

Un día Sofía no vino a trabajar. Tuvo un aborto involuntario
durante el fin de semana. La tristeza de Cindy por su amiga se
tornó en aprehensión al preguntarse lo que debía decir cuando ella
volviera. Sabía que se convertiría en un constante recuerdo para la
pérdida de Sofía.

Cuando finalmente regresó Sofía, andaba como un fantasma
por los pasadizos de la escuela. Nadie le habló, ni le mencionó
su perdida. No sabían qué decir, así es que no dijeron nada. Aun
Cindy trató de evitar a su amiga. Ella comprendía que Sofía estaba
dolida; pero simplemente no sabía qué hacer al respecto.

Amigas

Dos semanas más tarde, Cindy se encontró con Sofía en la cafetería de profesores durante su tiempo libre. Sofía debía estar en clase, pero allí estaba, llorando. Cindy instintivamente consoló a su amiga; pero luego se dio cuenta de que la clase de Sofía estaba desatendida.

Sofía estaba bloqueada con angustia y no podía cumplir sus funciones. Asegurándole a Sofía que todo estaría bien, Cindy corrió a la clase justo después del sonido del último timbre.

Cindy se hizo cargo del periodo de clase de Sofía. Era todo lo que se le ocurrió hacer, pero era justo lo que Sofía necesitaba de ella.

Sé compasivo al tratar con profesores amigos, y actúa rápidamente al llamado del deber.

> Nunca uses palabras cuando lo requerido es la acción.

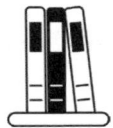

"Hay sólo dos duraderos legados que podemos
anhelar dar a nuestros hijos. Uno de estos son
las raíces; el otro, son alas."

—Hodding Carter

Louisa May Alcott

Luisa May Alcott era hija de un profesor.

Su vivo temperamento caía bien a los métodos no ortodoxos de enseñanza de su padre durante los años 1830.

Bronson Alcott había fundado varias escuelas durante la infancia de Luisa. Luisa pasó mucho tiempo en las escuelas de su padre, aun antes de que estuviera en la edad escolar. Algunos de sus más preciados recuerdos fueron de cuando pasaba jugando en la escuela de su padre.

Bronson Alcott creía en hacer que las lecciones sean lo más interesantes y entusiasta posible. Las escuelas de Alcott siempre empezaban muy prometedoras, pero como la gente no comprendía sus nuevos métodos de educación, muchos se sintieron incómodos y retiraron a sus niños de las escuelas.

Pero el futuro fue transformado para Luisa y los estudiantes a quienes se les permitió quedarse. Bronson Alcott ofreció a sus alumnos los elementos de aventura, curiosidad, persistencia, y creatividad como parte del proceso de aprendizaje.

Luisa aprendió a dar de sí misma a otros al observar cómo su padre se sacrificaba por la enseñanza.

El amor de él por la enseñanza la tocó profundamente, y el apoyo que le ofreció en el arte de la escritura, dio alas a su carrera.

Como profesor, nunca frenes tu entusiasmo por la enseñanza frente a tus alumnos. Es importante que te vean avanzar audazmente para formar mentalidades y moldear futuros.

Transforma futuros con aventura y creatividad.

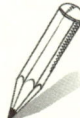

"La imaginación es más importante
que el conocimiento."

—Albert Einstein

La respuesta correcta

—¿Cómo sería si… —preguntó la señorita Chávez a sus sorprendidos alumnos de sexto grado— …si de pronto tendríamos que vivir sin electricidad?

Silencio. No se levantaban las manos. Miradas inquisitivas.

—Vamos —les persuadió—. ¡Lancen ideas!

Nuevamente, silencio.

—Muy bien, yo comenzaré.

La señorita Chávez procedió a nombrar las tres cosas que tendrían que hacer si ya no tuvieran electricidad. Lentamente, pero seguros, los alumnos se irguieron, y empezaron a dar respuestas.

Temerosos de que no tuvieran la respuesta correcta, sus alumnos no se sintieron muy entusiasmados a participar en el proceso creativo.

La respuesta correcta

En las escuelas se enseña a los estudiantes que la respuesta correcta es la que más vale. Así que lo que se ve en el rostro de los alumnos cuando se les hace preguntas para que piensen, generalmente es temor.

¿Cómo puedes hacer de tu clase un lugar seguro para soñar?

Es más que paneles creativos y fondo de música clásica. ¡Es tu actitud!

Si consideras valioso el proceso, debes comunicar esto a tus alumnos. Ellos deben saber que pueden dar una respuesta errada para encontrar la correcta. Y necesitan saber que a veces que hay más que una respuesta correcta.

Más importante aun, necesitan saber que hay momentos en la vida cuando no hay respuestas disponibles, pero que deben buscarlas.

¿Es tu salón de clase un lugar seguro para soñar?

"Una buena risa es el sol brillante
en una casa."
—Thackeray

Aprende a reír

Justino era el payaso de la clase. No había día que pasara sin que interrumpiera alguna lección con su rápido ingenio Él veía escrito la palabra "chistoso"en todo lugar.

Hay que cuidarse del payaso de la clase. ¡Él fácilmente puede invadir tu enseñanza! El señor Valdez había decidido que eso nunca pasaría en su clase.

Pero llegó a ser un reto para Justino el hacer reír al señor Valdez. El muchacho comprendió que tenía que ser cuidadosamente planeado. También se percató que podría pasar más fácilmente si él completaba todo su trabajo de tal manera que el señor Valdez no tuviera nada de qué reprocharle.

Lo que Justino no sabía es que el señor Valdez todos los días estaba luchando por no reír. No quería darle la satisfacción a su alumno.

Sin embargo, ¡Justino era chistoso! Cuanto más el señor Valdez evitaba el contacto visual, tanto más Justino generaba atención. Estaba llegando a ser una situación muy estresante para el señor Valdez. Comenzó a tener dolores de cabeza de tensión que le hacían terminar el día con un estado de mal humor.

Pero sucedió un día. ¡El señor Valdez soltó la carcajada y se rió duro!

¡La clase se sorprendió y el payaso estaba jubiloso!

El profesor se sintió aliviado.

Los dolores de cabeza pasaron y el señor Valdez comprobó que la risa realmente es la mejor medicina. Decidió tomar una dosis cada día.

Si es bien manejada, la risa te puede servir de gran ventaja.

Cuando te vean reír, verán tu corazón.

"Cada niño es un artista. El problema es que siga siendo
artista una vez que crezca."

—Pablo Picasso

El doctor Seuss

El talento de Ted Geisel para escribir y dibujar no siempre impresionaba a sus profesores. Un día en una clase de arte, el futuro doctor Seuss volvió su pintura al revés para mirarla. No estaba seguro por qué lo hizo, pero más tarde descubrió que era una manera de comprobar la armonía en una pintura. Si la pintura tiene armonía, va a verse bien al revés o al derecho. Su profesor de arte, sin embargo, pensaba que Ted estaba bromeando y dijo que los verdaderos artistas nunca vuelven sus cuadros al revés.

"Ese profesor quería que yo dibujara el mundo como es —dice Ted—, pero yo quería dibujar las cosas como las veía."

Ted rechazó el consejo de su profesor de no proseguir con el arte como carrera. Entonces allí mismo resolvió algún día ser un artista.

Aunque era tímido y descoordinado, con un original sentido de humor, su terquedad lo llevó a la fama.

¿Cómo se reconoce a un artista? Quizá no sea el más buen mozo, o el más agraciado, o el evidente genio.

Puede ser el que tú menos esperes que triunfe porque sigue su propio ritmo. Escucha su ritmo disonante, y presta atención al baterista.

Estimula el alma de artista descubierto en tus alumnos.

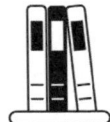

"Un lugar para todo, y todo en su lugar."
—Samuel Smiles

¡Todo en orden!

La enseñanza es una de las pocas profesiones en que si te ausentas, inmediatamente hay que encontrar un reemplazo para ti.

Se necesita más que un plan escrito de sustitución para que durante tu ausencia un extraño enseñe eficazmente a tu clase. También se necesita organización.

¿Conoces a un profesor cuyo salón es una montonera? ¿Cuyo escritorio apenas se puede ver? ¿Cuyos artículos estén regados en grietas y esquinas y cuyos archivos son mera imaginación?

Ese profesor pone en peligro a un sustituto a cargo de la clase.

¿Cómo puede un profesor ayudar al sustituto? Deja instrucciones. Avísale al sustituto dónde están los manuales del profesor, dónde está el cuaderno de notas, dónde se guardan los materiales.

¡Todo en orden!

Cuando los profesores sustitutos tienen que depender de los estudiantes para encontrar las cosas, entonces se sienten indefensos. No pueden cubrir adecuadamente el material ni tomar el control de la clase. Se sienten frustrados y pudiera ser que nunca regresen.

Los profesores se quejan de que el mundo no los considera profesionales.

¿Cuán profesional es tu clase por el estándar del mundo? Tu salón de clase es un reflejo directo de ti.

¿Necesitas ayuda para organizarte? Busca a alguien cuya clase admiras y pide que te ayude.

"Trata a las personas como si fueran lo que deben ser y podrán convertirse en lo que sean capaces de ser."
—Johann Wolfgang von Goethe

Busca la superación

Bárbara estaba acostumbrada a tener niños con necesidades especiales en su aula de cuarto grado. Ella sabía cómo modificar el currículo para adaptarse individualmente a sus alumnos.

Los padres de familia apreciaban su imparcialidad, y sus hijos triunfaban en su clase.

Un año, Bárbara tuvo un alumno cuyas necesidades nunca antes había tenido que enfrentar.

Christian tenía uno de los más altos coeficientes de inteligencia que ella había visto. En las evaluaciones estandarizadas él se situó cuatro años arriba del promedio de su grado. Pero Christian se había tornado flojo, y hacía solamente lo mínimo. Aun así, su nota más baja, era todavía más alta que el resto de la clase. Consiguió un definido puntaje sobresaliente, pero Bárbara sabía que él podría hacerlo mejor.

Bárbara decidió levantar los bonos de Christian. Ella preparó para él una lista separada de expectativas. Primero Christian se resistió al cambio. Sentía amenazado su nivel de confort. Por primera vez en su corta carrera académica, Christian no estaba seguro que podría conseguir una calificación sobresaliente. Tenía que trabajar para ello.

Después de pocas semanas de un cuidadoso monitoreo, Christian había vuelto a ganar su pasión por aprender. Comenzó a animarse y a buscar desafíos, y Bárbara se los daba. Ella lo mantenía alerta, y él la mantenía alerta a ella.

Nunca dejes a tus alumnos acepten el estatus quo. Anímalos a esforzarse; déjalos saborear la satisfacción y el entusiasmo que vienen de un apetito por el conocimiento.

> **Enseña a tus alumnos a superarse, y nunca quedarán satisfechos con poco.**

"La buena vida, como la concibo, es una vida feliz.
No quiero decir que si eres bueno serás feliz.
Quiero decir que si eres feliz serás bueno."

—Bertrand Rusell

Babe Ruth

Pocos meses después de cumplir diecisiete años, George (Babe) Ruth fue declarado delincuente juvenil y enviado a la Escuela Industrial de Varones de Santa María. Los años que pasó en esa institución cambiaron su vida.

En Santa María, George tenía que seguir un estricto régimen de actividades que incluía instrucción religiosa, estudios académicos, preparación industrial, y atletismo. George, por supuesto, destacó en el campo del atletismo.

Pero fue más que el atletismo lo que salvó a George Ruth.

El hermano Matías tomó al joven bajo su cobertura y lo animó a aprovechar sus talentos. Matías era un hombre justo.

George, que era considerado como uno de los muchachos más problemáticos de la escuela, lo respetaba. Matías, que era responsable de guiar a Ruth por el buen camino, le dió el amor y la atención que nunca recibió de su padre.

Ruth más tarde, cuando llegó a ser uno de los beisbolistas más destacados, dijo que el hermano Matías fue "el hombre más admirable que jamás he conocido".

¿Hay algún Babe Ruth en tu clase? ¿Un muchacho problemático cuyos talentos no han sido aprovechados? Tú sabes quién es. Él es el que deseas que esté ausente, pero que nunca se ausenta.

Tal vez tú serás el maestro que lo lleve en la debida dirección.

> Dé a tus alumnos una oportunidad, y ellos pueden muy bien hacerte enorgullecer.

"Nada tiene mejor efecto en los niños
que un cumplido."

—Sir P. Sydney

Refuerzo positivo

Jorge sintió como si se encontrara en una situación crítica. Le cortaron su trabajo, y la única manera de que pudiera quedarse en la escuela era que tomara un nuevo cargo como profesor prevención de abandono. Él realmente no quería hacerlo, pero sintió que no tenía alternativa.

Él se sentía mal, y lo mostraba. Otros profesores comentaban que la clase de Jorge era como una morgue: fría, estéril, y muy callada. Jorge cumplía con el currículo y mantenía el orden. Pero tanto él como los alumnos no veían la hora de que terminara cada día de estudios.

Cierto día Jorge recibió una carta de un padre de familia. De mala gana la abrió; pero descubrió en ella un tesoro. Este padre estaba muy agradecido de que su hijo por fin estaba aprendiendo y de que había un maestro en quien su hijo podía contar.

La carta cambió completamente la perspectiva de Jorge. ¡Él se sintió apreciado!

Por primera vez ese año, sonrió al entrar en el aula. Y para sorpresa, ¡sus alumnos le devolvieron la sonrisa!

Como maestro, aprecias que te den aseveración, porque eso te dice que estás llegando a tus alumnos y que estás cumpliendo bien tu trabajo.

Tú sabes lo bien que te sientes cuando alguien te elogia. Por tanto, no te olvides de dar cumplidos a tus alumnos.

"La lluvia cae en todos los campos, pero
los cultivos crecen solo en aquellos que
han sido labrados y sembrados."
—Proverbio chino

Prosperidad

Los profesores en servicio es un mal necesario.

Con tantos cambios que se dan, es difícil estar al tanto de lo
se espera de uno. Se exige adiestramiento y hay que hacer milagros con los presupuestos para cubrir las necesidades.

Los talleres ocupan casi todo el tiempo libre. Cuando asistes
a una conferencia con cientos de profesores (que preferirían
estar en otro lado), y aprendes nuevas y prometedoras estrategias, ¿has notado que solo unos cuantos cumplen realmente las
recomendaciones?

Mucho depende de la escuela; si el profesor regresa a una
que valida la innovación y promueve el cambio. Depende tam-

bién del administrador, si da tiempo libre a la docencia para que puedan implementar nuevas alternativas. Depende también de las necesidades del profesor.

¿Cuán similar es este fenómeno a lo que pasa en tu salón de clase cada día? Tú enseñas un nuevo concepto y solo un pequeño porcentaje se ajusta a éste inmediatamente.

El progreso de tus alumnos depende del ambiente que hayas creado; si hay libertad para hacer preguntas. Depende del tiempo que les des para que dominen temas de importancia. Depende también de que satisfagas las necesidades de los estudiantes.

Afirma a tus alumnos para el buen éxito, no para el fracaso.

161

"La gente debería sentirse libre de buscar y seguir las experiencias educativas que quisieran que sus hijos tengan."

—Juan Holt

Teddy Roosevelt

Ninguno de los hijos de Roosevelt asistió a una escuela pública. De pequeños, su tía les dio clases. Cuando crecieron, contrató tutores para educar a sus hijos.

Mittie Roosevelt estaba dedicada a sus hijos, e infundió en ellos un espíritu de aventura y atrevimiento, especialmente en Teddy.

Esto fue particularmente importante, considerando que Teddy sufrió de muchas enfermedades.

Su asma hizo imposible que participara de los juegos activos que el resto de su familia disfrutaba. El pasó mucho tiempo solo. Pero Teddy era brillante e inquisitivo, de modo que su madre lo inspiraba a que se dedicara a la lectura y la escritura. La devoción de su madre como su profesora le dio una educación bien completa.

Su amor por la naturaleza era alimentada por libros y encuentros personales con exploradores de la vida real. Su sed de aventura fue por previsión de su madre y lo hizo el presidente domador de caballos que la historia ha reportado.

¿Conoces a un niño al cual sus padres han decidido educar en casa? En vez de estar a la defensiva acerca de esa elección, haz lo posible para que esa sea la mejor decisión. Ofrécele tu especialización y expertas ideas. ¡Sé de ayuda!

Tú sabes el compromiso que se tiene al ser profesor. Respeta a los padres de familia que hacen ese compromiso.

"Hasta que pruebes, no sabes
lo que no puedes hacer."

—Henry James

En la mira

Cándida era una profesora que quería formar parte integral en su nueva escuela. Ella tenía experiencia en confección del libro escolar, en dirección del coro, y es redacción. Así que trabajar con estos clubes sería natural para ella.

Semanas después del comienzo del año escolar, una profesora se retiró inesperadamente. No sólo dejó un vació en el departamento de lenguaje; pero ahora también necesitaban un nuevo director del club de drama.

La directora le ofreció el trabajo a Cándida, porque sabía que ella estaba buscaba participación. Pero Cándida no tenía experiencia en drama y no quería asumir esa responsabilidad.

La directora la alentó para que hiciera la prueba. Ella podría retirarse si no resultaba, de modo que Cándida aceptó.

¡Descubrió que le encantaba el drama! Desempeñaba muy bien la dirección. Sus dotes de organización y su espíritu detallista hicieron que la producción de ese año fuera la más profesional que la escuela jamás había tenido.

Cuando los estudiantes le entregaron una docena de rosas al final de la noche de estreno, Cándida no podía creer que estaba en el estrado siendo aplaudida por talentos que nunca se imaginó que podría sacar adelante.

Cuando tú te encuentres en la mira, aunque hayas sido empujada allí, quizá descubras que te gusta y que realmente mereces estar ahí.

Algunos de los mayores descubrimientos se hacen cuando simplemente tratamos.

"Trata de decir lo que realmente quieres decir, la totalidad, nada más ni menos, u otra cosa de lo que realmente quisieras decir. Ese es todo el arte y el gozo de las palabras."

—C. S. Lewis

Palabras

Débora fácilmente se sentía intimidada por los padres de familia, especialmente los que más se expresaban. Por temor a la forma en que un director pudiera interpretarla, a toda costa evitó en su récord una queja documentada de los padres. Débora siguió el patrón de menor resistencia y pasó por alto algunos disturbios de los estudiantes.

Sus conferencias con los padres eran siempre mera formalidad. Si había un problema que se podía evitar, ella lo evitaba. Cierta situación, sin embargo, cambió su perspectiva.

El hijo de una colega estaba en la clase avanzada de matemáticas de Débora. Ella no esperaba que esto fuera un problema, pero la sorprendió que ese alumno no se desempeñara en el nivel normal de esa clase. En efecto, estaba bajo el promedio. Al revisar sus notas, ella encontró que el en realidad pertenecía a otra clase.

Débora se reunió con su colega, la madre del niño, para hablarle de la situación Descubrió que esta profesora había manipulado la situación y a propósito lo había puesto en esa clase.

Después de dar vueltas y vueltas por una hora acerca de la ayuda que necesitaba el niño, Débora decidió ir al grano, y dijo: "Lo que quiero decir es que Esteban realmente pertenece a una clase promedio."

Como se había imaginado, el comentario no fue bien interpreto; pero la madre aceptó la información. Llegaron a un acuerdo y trasladaron al niño a la debida clase. Como Débora esperaba, el niño sobresalió.

Tener ética profesional a veces requiere valor. ¿Cuál es la alternativa?

> Nunca comprometas la verdad por el temor.

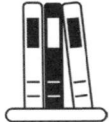

"El trabajo es amor hecho visible."
—Kahlil Gibran

Ama tu trabajo

Desde el primer grado Elena sabía que quería ser profesora. Ella podía recordar que arreglaba su dormitorio como un salón de clase y sus cuatro hermanos hacían de estudiantes.

Su profesora de primer grado, la señora Robinson, amaba a sus alumnos. Ellos también la amaban y les encantaba aprender. Elena quería inculcar ese mismo amor en otros, así que llegó a ser profesora.

Todos concuerdan que los profesores no ganan mucho dinero. Hay que dedicarse a la profesión por otros motivos. Uno tiene que querer enseñar.

Elena siempre se sintió inspirada al enseñar. Cuando los alumnos captaban una lección, se sentía alborozada.

De vez en cuando daba a los alumnos la oportunidad de enseñar la clase. Ellos conocían el material suficientemente bien para hacer la presentación. Los que se comprometían voluntariamente lo hacían porque querían, no porque alguien los presionara. Ella podía ver futuros maestros entre los alumnos. Podía ver su amor por la enseñanza.

Así que cuando el sindicato no pudo negociar un aumento en el salario o el presupuesto nuevamente fue cortado y tenía pocos materiales, ella aun estaba contenta.

Elena estaba haciendo lo que le gustaba, y lo hacia bien.

Recuerda que hay que enseñar a conciencia, no por deber.

> Cuando haces lo que te gusta, lo haces bien, no importa las circunstancias.

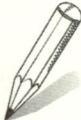

> "No hay mayor gusto que ser consciente de
> la sinceridad en el autoexamen."
> —Mencius

Apoyo

Laura era nueva en la enseñanza. Vicki era una profesora veterana y había sido profesora de primaria por muchos años.

Vicki decidió mostrar a Laura todo respecto de la escuela. Le señaló las fortalezas y las debilidades. Vicki se hizo cargo de Laura, le dio información privilegiada sobre la cultura de la escuela, y pronto se hicieron buenas amigas.

El estilo de enseñanza de Vicki se basaba en nuevas formas de hacer las cosas. Ella era una creativa recolectora de fondos, una fuerte defensora del cuerpo estudiantil, y una excelente comunicadora con los padres de familia.

Laura estaba aprendiendo mucho de Vicki y estaba muy

agradecida. Pero la incomodaba la costumbre de Vicki de criticar a los demás.

Laura pronto notó que a los otros miembros del personal también los molestaban las críticas de Vicki. Laura comprendió que necesitaba hablar con Vicki acerca de su búsqueda agresiva por la excelencia, pero se sintió incómoda al tocar el tema, ya que era "la nueva del barrio".

Tímidamente, y resistiéndose, Laura habló con Vicki.

El silencio de Vicki dificultaba saber si estaba tomando a bien la admonición. Pero después de unos días de reflexión, Vicki se acercó a Laura y le dijo: "Gracias por tu sinceridad. Yo consideraba a los otros profesores como "ellos" en vez de "nosotros".

En la enseñanza, es importante recordar que tus colegas pueden ser un gran medio de apoyo. Apóyalos en todas las cosas.

Sé partidario del equipo, no un oponente.

"La gente sólo ve lo que está lista a ver."
—Ralph Waldo Emerson

Hazlo a tu manera

Enseñar ciencias al octavo grado era la pasión de Marisol. Ella cubría efectivamente el material e inspiraba a sus alumnos a hacer preguntas. Casi siempre se encontraba en medio de un grupo de alumnos de octavo grado, que estaban tratando de vislumbrar algún fenómeno científico.

Su supervisor, el señor Durán, pertenecía a la "vieja escuela". Para él era desorden cuando los estudiantes se agrupaban alrededor de ella. Él veía en su entusiasmo una conducta poco profesional. No veía lo que esperaba ver: a los estudiantes trabajando calmadamente, y a un profesor disertando detrás de un retroproyector.

Durante una conferencia, la asistente del director alertó a Marisol que habría una evaluación. Ella amordazó su incredulidad e hizo un esfuerzo en mantener la apariencia profesional.

Al darse cuenta de que el supervisor pensaba que sus alumnos no estaban aprendiendo, Marisol comprendió que tenía que comprobarle que sí aprendían. Calmadamente, ella explicó su filosofía, y lo invitó a asistir a su clase el próximo día.

Al siguiente día, cuidadosamente preparó una lección que mostrara la comprensión que tenían sus alumnos de un método científico. Ellos rindieron maravillosamente bien, como si se hubieran puesto de acuerdo. Una vez que el señor Durán estuvo satisfecho, Marisol tuvo libertad de enseñar a su manera.

Justo o no, habrá tiempos que en la enseñanza tú también tendrás que satisfacer las dudas de otros y mostrar que sí puedes.

A veces tienes que dar a otros lo que ellos quieren antes de que puedas hacer lo que quieras.

"Ten la actitud de un estudiante. Nunca seas muy
creído para hacer preguntas. Nunca sepas
demasiado para aprender algo nuevo."

—Og Mandino

Traslado involuntario

El traslado involuntario de Rut a una escuela primaria fue difícil. No solo porque ella prefería una escuela de secundaria, sino que sentía que no calificaba para enseñar en ese nivel. Sólo porque tenía un título de primaria no significaba que quería enseñar allí.

Enseñar en un solo aula todo el día fue un ajuste para Rut. Su primer método de adaptación fue de guardarse todo y observar.

Después del primer periodo de calificación, ella se dio cuenta de que ser profesora de primaria implicaba mucho más que repartir calcomanías y ponerse collares relacionados a temas. Ella exigía demasiado de sus alumnos, y lo sabía. Podía verlo en sus rostros cuando les asignaba reportes de investigación. Podía notarlo por parte d los padres que le enviaban notas y notas con quejas. Pero ella no sabía qué hacer al respecto.

Durante la reunión de su equipo de tercer grado, Rut se sentó a escuchar a Katy, una profesora en su primer año de enseñanza. Los alumnos de Katy la querían. Su aula irradiaba energía y creatividad. Aun los problemas de disciplinas eran mínimos.

¿Cómo hace ella eso?, Rut pensó. Luego, en un momento de máxima humildad, ella dijo: "¿Cómo haces eso?"

¡Ese fue el comienzo de una maravillosa amistad y año exitoso!

No temas hacer preguntas a los miembros del equipo que tú admiras ni temas compartir pautas con alguien nuevo.

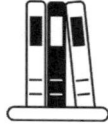

Busca a alguien que está haciendo lo que tú quisieras estar haciendo bien y pregúntale cómo lo hace.

"Lo más importante es no
dejar de preguntar."

—Albert Einstein

¿Por qué?

Tú animas a tus alumnos a hacer preguntas. Les dices que la única pregunta tonta es la que no se hace. Tratas de crear en el aula un ambiente sin amenazas, en que los alumnos se sientan seguros de hacer preguntas.

Hay una pregunta, sin embargo, que te estremece un poco cuando la oyes: "¿Por qué?" Una pregunta que disputa las decisiones que has tomado acerca de qué enseñar puede ponerte a la defensiva.

Contrariamente a la creencia popular, no siempre es falta de respeto cuestionar el estatus quo. Hay veces cuando esto hace que un profesor se detenga y piense, para cuestionarse a sí mismo.

¿Cuán seguido evalúas tu desempeño en la clase?

Olvida la evaluación anual que tu director conduce. Pregúntate tú lo que estás haciendo y por qué lo haces.

A la vez, cuestiona el status quo en tu escuela. Busca significado y pertinencia en cada decisión. Si estás en un comité, no temas preguntar: "¿Por qué esta recaudación de fondos? ¿Por qué esta vez? ¿Por qué de esta manera? ¿Por qué este premio? ¿Por qué este viaje?"

Haz las preguntas que todos piensan hacer, pero que nunca se atreven a hacer. Haz preguntas difíciles.

Pregunta: "¿Por qué?"

Define tus metas; luego de vez en cuando pregúntate: ¿Estoy en la ruta?

177

"Actúa con entusiasmo y llegarás
a ser entusiasta."

—Dale Carnegie

El poder del pensamiento positivo

El primer día de clase Cecilia hizo un trato con su clase de séptimo grado. Ella dijo: "Les advertiré cuando tenga un mal día, y quiero que ustedes me digan cuando estén en la misma situación. De ese modo podremos ser un poco más comprensivos."

Este sistema de mutuo respeto resultó en el comienzo. Si Cecilia tenía una mañana particularmente mala, ella anunciaba: "Dormí muy poco anoche y me siento pésima."

Similarmente, un estudiante diría: "Tuve una pelea con mamá esta mañana; no estoy de buen humor." Entonces cada uno trataba de evitar mayor contrariedad.

Lamentablemente, este plan resultó ser contraproducente. Cecilia notó que más y más los chicos estaban quejándose. Todos se concentraban más en lo negativo de su vida. Aun los alumnos que generalmente estaban con la moral alta comenzaron a quejarse acerca de su día. Esto había ido muy lejos.

Cecilia decidió que era necesaria una nueva estrategia.

En lugar de eso, los inspiró a "sonreír y el mundo reirá contigo". Requirió mucha paciencia, pero lentamente la clase tomó una actitud más positiva y su rendimiento mejoró.

¿Qué impresión positiva puedes dejar a tu clase hoy?

Refuerza una actitud positiva entre tus alumnos.

179

"Aspira a llegar a la luna. Aunque no aciertes,
alcanzarás las estrellas."

—Les (Lester Louis) Brown

Expectativas

El reto de motivar a los estudiantes ocupa mucho el tiempo y los recursos de los profesores. Constantemente piensan: Si pudiera llegar al corazón de cada uno, sé que podría hacerlos comprender.

Tienes la esperanza que a ellos les interese intentar lo suficiente para sobresalir. ¡Ciertamente quieres que destaquen!

No fue hasta que Ana ingresó a la universidad que ella comprendió el poder de las expectativas.

Su profesor les dijo que él esperaba que los alumnos obtengan solamente excelentes calificaciones. Describió qué debían hacer para obtener notas excelentes y también sobresalientes. Suponiendo que todos querían calificaciones sobresalientes, fue al detalle, describiendo específicamente cómo conseguirlas.

Expectativas

¿Podría esto dar resultado en mi aula de clase? se preguntaba Ana.

Se sorprendió la primera vez que probó esto. Cuarta parte de los alumnos expresaron el deseo de trabajar con miras a obtener calificaciones sobresalientes. Tres cuartos escogieron trabajar para obtener notas excelentes.

Hacia el final del año, más del ochenta por ciento de sus alumnos obtuvieron calificaciones más altas de lo que habían sacado el periodo anterior.

Este ejercicio en expectativas fue un triunfo, para el profesor y para los alumnos.

Ten altas expectativas para tus alumnos. Mezcla esas expectativas con amplias dosis de entusiasmo y descubrirás una clase llena de realizadores.

> Nunca subestimes el poder de las expectativas.

"Hay un gran hombre, que hace sentirse pequeños a muchos. Pero el que de veras es un gran hombre hace a cada hombre sentirse grande."

—G. K. Chesterton

La nota

Virginia nunca podía hacer nada para complacer a la señora Rosales. Después de tres años de trabajar en la escuela, trataba por todos medios de esquivar a su directora. Tres humillantes observaciones y conferencias hicieron que Virginia se sintiera insignificante e insegura.

El año siguiente, otra directora llegó a la escuela, y como antes, Virginia evitó tener contacto con ella.

Entonces, una mañana, la señora Beltrán, la nueva directora, se asomó al salón de Virginia. Se sentó en la parte de atrás del salón, pasando desapercibida por los alumnos, ¡y se quedó durante toda la lección!

Virginia se preocupó, pues esta observación fue sin previo aviso. La enfermaba el pensamiento de lo que vendría.

La nota

Más tarde ese día, Virginia encontró una nota en su buzón del correo.

"Gracias por la placentera mañana. Siempre es muy estimulante ver una buena profesora en acción. ¡Siga adelante!"

Este pequeño acto de bondad animó a Virginia y varias otras profesoras a permanecer en la escuela y continuar enseñando lo mejor posible.

Un cambio de director casi siempre genera un cambio de personal en la escuela. Los que se sintieron a gusto con la anterior administración se sienten preocupados por los cambios que por seguro vendrán. Aunque casi siempre, el cambio es bueno.

Trata de mantener una mente abierta al cambio. No dejes que tus temores obstaculicen brillantes posibilidades.

Recuerda cómo te beneficias de los simples actos de bondad y otorga esos dones a tus alumnos.

"Detrás de cada hombre capaz hay siempre
otros hombres capaces."
—Proverbio chino

Sola

Susana estaba sentada sola en su aula de clase almorzando, como lo hacía cada día. El único sonido era el ruido del ventilador en el cielo raso, el cual era el único alivio en ese caluroso día de mayo.

Sus alumnos apreciaban mucho a su innovadora y creativa profesora. Ella podía convertir hechos mundanos en lecciones de verdadera intriga. En un solo año podía motivar a niños desganados. Y cuando fue nominada "profesora del año", nadie se sorprendió. Pero tal como Superman, esta súper profesora se sintió muy sola entre sus colegas.

Susana no era la única excepcional profesora en su escuela. Pero era la que ganó mayor atención. Atención de la prensa local, de los supervisores, y de los padres de los estudiantes.

Entonces, ¿por qué almuerza sola cada día? Celo de grupo. Esto infecta aun la mejor de las escuelas. Puede destruir relaciones saludables y acabar con la moral.

¿Cómo se puede revertir este efecto? Una manera es extenderse más allá de sí mismo y preocuparse por los demás. Otra forma es estimar a otros más que a sí mismo.

No puedes crear una visión compartida al ser el único de la gama. Incluye a otros en tus planes, y ellos te incluirán a ti.

> Si por levantarte derribas a otros, entonces debes cambiar de prioridades.

"Si no dices nada, nadie te pedirá
que lo repitas."
—Calvin Coolidge

La tirana

Julia había esperado con mucha anticipación comenzar este año escolar. Antes del primer día, trató de conversar con su nuevo director. Como asistenta social de la escuela, necesitaba saber lo que la señora Escobar esperaba de ella.

Después de tres llamadas no contestadas y dos visitas sin resultado, Julia decidió que ella esperaría hasta ver a la señora Escobar ese primer día.

Justo antes del almuerzo, se notificó a Julia que debía ir a la oficina de la directora.

—Señorita Valdez, tenemos un problema.

Antes de que Julia pudiera responder, la señora Escobar continuó:

—¡Yo esperaba que usted se contactara personalmente conmigo antes de venir a la escuela!

Julia estaba sentada y no supo qué decir.

—¿Cómo el distrito puede enviar una asistenta social con tanta inexperiencia?

Lo único que Julia podía hacer era pedir a Dios que la ayudara a mantener la calma. Se volvió para salir, asediada por las palabras de la señora Escobar:

—¡La aconsejo que no se cruce en mi camino!

No todos los educadores estarán tan contentos de estar en la educación como tú. Y habrá veces cuando no estarás de acuerdo, pero concéntrate en tu verdadera misión.

La única forma de tener paz en medio de la adversidad es perdonar cualquier ofensa y avanzar.

> Cuando ingreses a una nueva escuela llega a conocer a los líderes y opera dentro de sus parámetros.

"La sonrisa de Dios es victoria."
—John Greenleaf Whittier

Índice de aprobación

Teresa no comprendió el alcance de su responsabilidad como profesora principiante. No sólo buscó la aprobación de la directora, sino que sus alumnos, los padres de familia, la comunidad, y el estado comentaban en cuanto a su desenvolvimiento y trabajo, de lo bien que enseñaba.

Tratar de complacer a todos llegó a ser agotador y frustrante. Si complacía a sus alumnos, a veces la directora estaba descontenta. Si complacía a los padres, a veces sus alumnos quedaban desilusionados.

Había días cuando se sentía como en una situación de perdedora. En sus intentos de complacer a todos, pronto aprendió que esto no era solo imposible sino paralizante.

Quizá escojas el camino de la inacción en vez de la innovación, para mayor seguridad. Dentro de ti sabrás que podrías hacer más o mejor, pero dejas que el índice de aprobación de otros te ate las manos.

Debes buscar siempre descubrir y hacer lo mejor. Después de todo, lo que más importa es que atiendas a las necesidades de tus alumnos.

Nunca comprometas tus principios. Mantente firme, y la verdad saldrá.

Haz lo mejor y toma en serio tus decisiones.

"La gente necesita ver cuánto acuerdo
puede haber entre tenaces oponentes."
—Robert Redford

¿Satisfacción garantizada?

Alcira suspiró profundamente al colgar el teléfono. La señora Celis, madre de una alumna con necesidades especiales, quería reunirse con ella… ¡una vez más!

Parecía que no podía complacer a esta madre. Aunque las conferencias siempre terminaban en un tono positivo, Alcira se preguntaba qué podría hacer para evitarlas.

Este año se habían suscitado muchos problemas en la clase, y lo cierto era que la señora Celis generalmente tenía preocupaciones válidas.

Esta conferencia comenzó como todas las demás. La señora Celis enfatizó las necesidades de su hijo y Alcira le aseguró que deseaba satisfacer sus necesidades. Pero esta vez, la señora Celis tenía una nueva pregunta: "¿Qué nivel de satisfacción deben esperar los padres de la enseñanza?"

¡Qué pregunta tendenciosa! Alcira quedó boquiabierta. La señora Celis continuó: "Ambas sabemos que no es realista pensar en completa satisfacción. Nada ni nadie es perfecto."

Ella explicó que después de mucha reflexión había comprendido que sus altas expectativas habían causado parte de la frustración que sentía por el año escolar de su hijo.

Alcira apreció la sinceridad de esta madre de familia y ella dirigió a sí misma la pregunta. ¿Cuáles eran sus expectativas de los padres? ¿Eran realistas? Entonces comprendió que debía hacer su propia reflexión.

La buena voluntad de hacer un esfuerzo por la mutua comprensión abrió la puerta a una maravillosa relación entre Alcira y la señora Celis.

> Decide que comprenderás a los demás antes de esperar que te comprendan.

"Hay pocas cosas tan sin sentido como
el sentido común."
—Frank MacKinney Hubbarb

El consejo de una madre
Por Ailene Doherty

La madre de Ailene tenía una feliz actitud frente hacia la vida
que relucía en sus ojos avellanados y brillantes a través de su aco-
gedora sonrisa. Con su cantarín acento escocés, muy a menudo
ofrecía consejos prácticos.

Como nueva profesora, Ailene estaba empezando a apreciar
este consejo más que nunca. Un fin de semana, ella le dijo a su madre que su director era muy severo con los estudiantes. Después de
que había expresado en tono vibrante lo que le diría a ese hombre
duro, su madre la corrigió gentilmente: "Mi amor, decir poco es
fácilmente reparado."

El más entretenido consejo que su madre le había dado fue:
"No hagas dos bocados de una cereza."

El consejo de una madre

Es decir, no hagas algo más difícil de lo que realmente es. Aliene pensaba en ese refrán cuando escribía las notas una a una en su registro en vez de hacerlo después de haber corregido todas las pruebas; o cuando por cuarta vez en un día iba a la fotocopiadora en vez de planificar y hacer todo el fotocopiado a la vez.

Indudablemente, se pueden aprender valiosas lecciones en la vida a través de la sabiduría y experiencia de otros. Atesoro el consejo de los que están cerca de ti; podrían ser tu más valioso recurso.

Enriquece tus opiniones por la inspiración de otros.

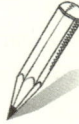

"No puedo darte la formula para el éxito, pero puedo darte la formula del fracaso: trata de complacer a todos."

—Herbert Bayard Swope

Fácil de complacer

Al señor López le quedaban solo tres años para la jubilación, y esperaba tener un año tranquilo y libre de problemas. Estaba en una escuela que había dirigido por ocho años. Esta era su última parada y quería dejar su trabajo exitosamente.

Considerando que esta escuela de primaria tenía más de ochocientos estudiantes, el distrito construyó un nuevo edificio para albergar la creciente población estudiantil.

Este motivo de alivio se convirtió en una pesadilla debido a que los enojados padres hacían solicitudes a los comités de re-zonificación. López fue inundado a diario con permisos especiales de asistencia, pero eso fue solo el comienzo de sus frustraciones.

La tan esperada construcción en esta escuela por fin había empezado. Sin embargo, desplazó a muchas clases y duró más de lo que jamás se proyectó.

Los profesores estaban frustrados y los padres de familia lo estaban aún más. Los alumnos parecían estar bien. Los adultos tenían todos los problemas.

Largas reuniones y amplias correspondencias ocupaban mucho de su tiempo. Sus intentos de complacer a las multitudes fueron tomados con escepticismo y desconfianza. Al finalizar el año, el señor López era consciente de que no había sido el mejor. Reflexionó y decidió que el próximo año sería mejor. Decidió dirigir las situaciones en vez de que éstas lo dirijan.

¿Sobre qué indicador estás basando tus metas y decisiones?

Sigue tus metas, no el sendero que te lleva a la frustración.

"La bondad es el lenguaje que el sordo
puede oír y el ciego puede ver."
—Mark Twain

Sonríe

Por Ailene Doherty

Ella tenía como veinte años de edad, y estaba decepcionada y sola. Tal vez recientemente había sido rechazada en una entrevista de trabajo, o tal vez el joven de quien estaba enamorada acababa de decirle que todo entre ellos había terminado. Para ella la vida no tenía propósito.

Los noticieros sólo informaban que una joven había saltado del puente al río. La nota en su casaca decía: "Si tan solo una persona me sonríe hoy, no me mataré."

Pero nadie lo hizo.

Ella saltó a las arremolinadas aguas.

Una inmediata reacción a este acontecimiento es de criticar a las personas que la vieron, pero la ignoraron.

Mas bien, piensa: ¿Cuántas veces me quedo tan absorto en que mis alumnos pasen el examen que me olvido de sonreír?

Recordar lo que una sonrisa hubiera significado para la joven en el puente, a los maestros nos hace reflexionar.

Aunque tu sonrisa no salve a nadie, puede cambiar la actitud de un adolescente hacia la vida, aunque solo por un día.

Tu sonrisa puede ser lo que tus alumnos necesitan hoy.

"Los hechos … no siempre crean un espíritu de realidad,
porque la realidad es un 'espíritu'."

—G. K. Chesterton

George Washington

La educación formal de George Washington comenzó a la edad de siete años. Esa era la edad acostumbrada para enseñar a los niños a leer y a escribir, y también a manejar números. Virginia, como la mayoría de las colonias, no tenía escuelas públicas. La mayoría de los niños estudiaban en casa.

La educación de George fue práctica. Él aprendió aritmética para que llevara sus cuentas y geometría en preparación para la agrimensura.

Le gustaba leer libros que le enseñaran algo útil o que le dieran placer. Sin embargo, su educación formal terminó en su temprana adolescencia. Lo que aprendió después de eso, vino a través de la experiencia, conversaciones, o lectura.

George Washington

George Washington fue uno de los pocos presidentes de los Estados Unidos cuya etapa escolar no pasó del nivel primario. Pero nunca dejó de aprender de la vida.

Aunque no tengas la oportunidad de enseñar solo temas relevantes, trata de enseñar lo que has aprendido de una manera relativa. Responde a la pregunta: "¿Y qué?" antes de que alguien la haga. Los niños recuerdan las cosas que están ligadas a la vida real.

Relaciona lo que enseñas con temas actuales. Esas son las lecciones que tus alumnos recordarán por el resto de su vida.

En vez de enseñar para el siguiente siglo, enseña para hoy.

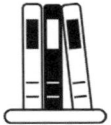

Acerca de la autora

Vicky Caruana es educadora veterana y diseñadora de currículo. A ella le encanta alentar a los profesores. Es apreciada oradora en conferencias para educadores y padres de familia. Actualmente dedica la mayor parte de su tiempo a escribir para una gran variedad de publicaciones.

Ella adjudica su inspiración a su maestra de primer grado, la señora Robinson en la escuela de primaria de Mount Vernon, quien influyó en su decisión a los seis años de edad a ser profesora, y a su familia con quien vive en Colorado Springs, Colorado.